ちくま新書

# カトリック入門

——日本文化からのアプローチ

稲垣良典
Inagaki Ryosuke

1215

# カトリック入門
——日本文化からのアプローチ

【目次】

# はじめに

## †なぜ日本人にはカトリシズムが受け入れられないのか

本書で私は、カトリシズム――カトリックの信仰あるいはカトリック・キリスト教と言いかえてもよい――の本質は何かという問いに答えたい。そのためには、「カトリシズムと日本文化」の問題に取り組まなくてはならない。その理由を最初に述べておきたい。

私自身、旧制高校時代にカトリシズムと出会い、数年後にカトリック信者になったのだが、その時には、私の心を耕《たがや》してくれた日本文化とカトリシズムとの間にかつて起こった接触と葛藤の長い歴史、その歴史に含まれる文化と宗教との間の様々な問題には全く思い及ばなかった。

たしかに宗教への入信は、パウル・ティリッヒの言葉を借りると各人の「究極的関心」(ultimate concern)に関わることで、心の最も奥深いところで行われるべき選択であり、何よりパーソナルな事柄であるに違いない。しかしそのことは当の根本的選択を行う心を耕し、育て、形成した文化――それは必ずその根本的要素として宗教を含んでいる――という「場」がこのパーソナルな選択に深く関わっていることを排除するものではない。

言いかえると日本人がカトリシズムという宗教を見る目、と言うよりカトリシズムと出会う日本人の心は、四百数十年前に初めて出会ったカトリシズムに対して両極端――熱烈・純粋で勇気ある受容と激しく執拗な敵意ある排斥――とも言える反応を示した日本文化の影響の下にある、ということである。

もしそうであるならば、日本人が「カトリシズムとは何か」と問い、その問いが単なる好奇心からのものではなく、真の探求――アリストテレスが『形而上学』の冒頭で「人間は、生まれつき、知ることを欲する」と言う人間の本性そのものに属する知的探究――であるかぎり、この問いは単純でナイーヴな問いではありえない。それはむしろ日本文化に深く浸透されている問いである、と言わねばならない。

「カトリシズムは、西洋仕立ての洋服が日本人には着心地が悪いように、日本人には容易に受け容れられない」という感想をよく耳にするが、問題はカトリシズムを運んできた西洋文化と日本文化との関係にとどまるものではない。むしろ本当の問題は宗教としてのカトリシズムそのものと日本文化、とくにその中核にある日本的宗教性・霊性との関係のうちにある、と見るべきではないだろうか。

とにかく、カトリシズム（カトリック・キリスト教）は日本人の宗教性・霊性をもともと培《つちか》ってきた神道、この霊性をさらに深め、豊かなものにした仏教、儒教などと比べて、まったく特異な要素を含む宗教であることは否定できない。そしてこの特異な要素はこの宗教に最も身近であるユダヤ人にとってさえ躓《つまず》きの石だったのであり、それが日本人にとってカトリシズム受容を妨げる大きな障害であったとしても不思議ではないからである。

## †カトリックと日本的霊性の出会いが葛藤を生んだ

ここで「カトリシズムと日本文化」という問題を提起し、日本文化という「場」で育った心を持つ日本人がカトリシズムを受容することを妨げる要因をつきとめようとするに当たって、私は恐らく読者が予想されているであろう事柄には立ち入らない。そうした事柄とは西洋の歴史のなかで「カトリシズム」という名前に付着させられた「反《アンチ》キリスト」の業とも言うべき堕落や逸脱の数々である。思いつくままにそれらを枚挙すると、①聖書の軽視、②教皇権威の絶対化、③秘跡《サクラメント》の「魔術化」、④宗教裁判、⑤免罪符、⑥十字軍、⑦聖母礼拝、等々。

私がカトリシズム批判の論拠とされるこれらの事柄に立ち入らないのは、これらの非難の機会となり、また説得性を与えた堕落や逸脱が実際にカトリック教会の内部に見出されたことを知らないからではない。そうではなく、カトリック教会の構成員《メンバー》（肢体《メンバー》）は本性からして誤謬に陥り、常に誘惑にさらされている人間なのであるから、「教会は常に改革されるべき」（Ecclesia semper reformanda）であることは明白である。

むしろ私は、カトリック教会が強大な異端や甚だしい堕落に傷つけられながら、それに生命を与える創設者であり「頭」であるキリストのゆえに、「一にして聖」である教会として存続しえた不思議さに驚かざるをえない。そして、教会に対してあびせられてきたこれらの非難・攻撃は、根本的にはカトリシズムとカトリック教会の本質についての理解の不十分なことに基づく誤解・歪曲と偏見であって、やがて消え去るべきものに過ぎない。

これに対して、ここで提起するカトリシズムと日本文化の問題は、カトリシズムという宗教——それは後に述べるように世界の諸々の「宗教」と呼ばれるものの間にあって極めて特異な要素を含んでいる——と、日本文化の核心をなす霊性・宗教性との出会いにおいて生ずるものである。したがって、誤解や偏見といったレベルに属するものではない。

十六世紀の中頃に起こったこの二者の出会いが、その後の数世紀の間に日本文化の深層において、いかに顕著な反応を呼び起こしたか。それについては第一章で述べる。そのようなカトリシズムと日本文化の接触と葛藤の歴史を振り返ることで、葛藤を引き起こしたものは何であるかをつきとめ、カトリシズムが日本文化、とくにその中核である霊性・宗教性をより豊かで完全なものへと変容させるような仕方で受容される道を探ることが、本書の課題である。

そして、その道は、日本文化の側からも宗教としてのカトリシズムに何らかの寄与をなしうる道ではないか。もちろん、その場合のカトリシズムとは、教えそのものではなく、その文化的受容に関してである。そうした受容の道への希望を持つことは許されるだろうか。

## †本書の構成

第一章では、カトリックと日本文化との出会いを描く。新井白石らの、江戸時代の反キリシタン書をひもとき、日本でカトリシズムが受容されなかった理由を探る。そして西田幾多郎の「創造」理解から、彼がカトリックに最も近い思想を持っていたことを明らかにする。そして西田や鈴木大拙による理解からすれば、日本的霊性はカトリシズム受容を妨げないのではないか、ということを示したい。

第二章では、超自然の問題について考える。超自然をカトリシズムは重要視するが、それは決して反科学的でも反理性的でもなく、むしろそれは自己認識をもとにした形而上学に不可欠であることを明らかにする。

第三章は、信仰と理性の問題について述べる。信仰と真理は不可分であり、知的探求には信仰の光が必要であるとするカトリシズムの考え方を示す。そして信仰なしに人間とは何かを問うことの困難を明らかにしたい。

第四章では、日本人のカトリシズム受容の躓きの石となった創造の問題を掘り下げて考える。三位一体なる神、創り主と救い主の同一性が、この国ではなぜか理解されない。しかし、絶対者の内在を肯定する日本的霊性には、カトリックと通底するものがあり、それがカトリシズム受容に向けたヒントになるかもしれない。

第五章では、キリストは何者であるかを考える。超越的な絶対者である神が人間となった「受肉の神秘」は、イエスによって顕現された真理でありながらイエスの内に深く秘められた秘密であった。そのことがカトリックの教え全体を支える真理であることを示し、また日本的霊性からも縁遠い考え方ではないことを論じたい。

第六章においては、キリストに続いて、聖母マリアが何者であるかを考える。三位一体や受肉と同様、マリアが「神の母」であることを真剣に受け止めることが、観念的でない実在的信仰には不可欠だと論じていく。マリア信仰こそが、日本においても生きて働くキリスト信仰につながったことも考えてみたい。

最後の第七章では、教会の問題を考える。カトリシズムにおいては、教会はキリストの体であり、教会と秘跡は一体のものである。つまり、教会は信仰の神秘なのであり、決して単なる人間の共同体ではないのだ。

本書を読んだ読者の皆さんが、カトリシズムの基本的考え方と、その現代的意義を理解していただければ幸いである。

# 第一章

# カトリックと日本文化の出会い

## 1　キリシタン時代の「排耶書」

### †日本で受容されなかったのは迫害のせいか

ここでいう「キリシタン時代」とは、一五四九年（天文十八年）にフランシスコ・ザビエルが日本に到着し、布教を始めてから一八七三年（明治六年）キリスト教禁止の立札が取り払われるまでの約三百年を指している（最後の「キリスト教禁止」の勅令は実は明治元年に出ており、その後もキリシタン迫害は続いたのであるが）。「キリシタン時代」と言っても一六一四年の家康によるキリシタン迫害の開始以後、さらに一六三七〜三八年の島原の乱を経ての二百五十年あまりの間、キリシタンは邪宗として徹底的に迫害されていたのであるから、大半は「反《アンチ》キリシタン時代」であった、と言うべきかもしれない。

このように、キリシタン時代の初めの数十年とそれに続く二百数十年は目を見張るほどの光と影のコントラストを見せる。初期の数十年の間、わずか数十名の宣教師によって当時の人口（約二千万）の五パーセントに当たる百万人の日本人が洗礼を受けたとされるのに、それに続く二百数十年の間、キリシタンは「邪宗」という烙印を押され、イエス・キリストは「外道仏《げどうぼとけ》」として文字通り土足で踏みにじられたのであった。

私はこの長い迫害時代を通じて幕藩体制の下で民衆にほどこされた「反《アンチ》キリシタン」教育が生みだしたに違いない「キリシタン邪宗」に対する激しい反感、恐怖、不信の感情が、現在なお日本人の心に巣くっているとされる反《アンチ》カトリック的な疑念と不信感と結びつきがあるかどうか判断できないし、またそれを問うつもりもない。

私はむしろ、古代ローマ帝国においてカトリック教会が激しい迫害によってかえって勢いづけられ、やがてアルプスの北側まで宣教、司牧の範囲を拡大し、キリスト教文化を共有するキリスト教社会の建設にまで到ったのに対して、どうしてわが国では同様の歴史的展開が見られなかったのか、という疑問を抑えることができない。

この疑問は歴史というものをいかに認識すべきかを知らない「スコラ哲学者」の無知を示すものとして一笑に付されるかもしれない。しかし、十六世紀のフランシスコ・ザビエルによるカトリシズム宣教を、カトリシズムと日本文化との出会いだったと捉えれば、この出会いは不完全な段階にとどまったのではないかと私は考えている。すなわち、カトリシズムと日本文化の深層にある日本的霊性・宗教性との、真実の実りある出会いは実現されなかったのである。カトリシズムはキリシタン時代全体を通じて、日本的霊性・宗教性に何ら意味のある変容をもたらさないままに終わったのではないだろうか。

### †キリスト教は風土に根をおろしたか――遠藤周作の問い

ここで私はかつて遠藤周作氏が次のような疑問を提示していたのを想起する。「切支丹時代とは日本人にとって、ただちに理解しえぬ、そして距離感のあるあの基督教と自分たちと対決した時代である。フランシスコ・ザビエルの悲劇は日本人が自分たちの宗教を理解しえたと信じたところから始まった。……だが日本人は彼ら（ザビエルおよび彼の楽天主義にもとづいてこの国に渡ってきた多くの宣教師）が信じたように本当に基督教を信じていたのか、信じていたとすればどのような形でであるか、それは我々の風土にどこまで根をおろしたのか」（「切支丹研究への注文」『日本思想大系　月報6』一九七〇年〔『第25巻　キリシタン書　排耶書』に挿入〕）。

私はわが国の切支丹学者が遠藤氏の疑問に答えたのか、答えたとすればどのように答えたのかは知らない。私に言えることは、キリシタン時代にカトリックの洗礼を受けた者の中から多数の殉教者が出たことは真実の信仰の証しだが、彼らの間に自らの「信仰の理解を探求する」知的な営為の動きは見られなかった、つまり「神学」と呼ぶに値するものは生まれなかったのではないか、ということである。

これは簡単に決着する問題ではない。しかし私が『どちりいな-きりしたん』を始めいくつかの代表的なキリシタン書から受けた印象はこうだ。人間理性のみによっては全く認識できない神的啓示――「無からの創造」「三位一体なる神」「托身(受肉)」などの超自然的神秘――についての解説が、それら信仰の神秘は理性を超えてはいるが決して理性に反するものではないことを説得的に説くにとどまっている。裏から言うと、それら信仰のみによって肯定された真理を、日本人――仏教徒でも――が理解できる神の慈愛や知恵と関係づけて日本文化に根づかせようとする努力――つまり真の意味での神学的営為――は見てとることができなかった、ということである。

さらに日本人の文化的資質の優秀さを直ちに認め、日本人は自力でカトリシズムの真理の完全な理解に到達しうると信じたフランシスコ・ザビエルは比叡山、高野山、足利学校の学僧との論争を希望したが、果たせなかった。実を言えば、それよりもまず日本的霊性の明確な覚醒に寄与したとされる禅宗および浄土真宗の修行者たちとこそ対話を試みるべきであったが、彼や他の宣教師たちによっては実行に移されなかった。このことは、わが国におけるカトリシズムの文化的受容の道を閉ざしたに等しい。日本文化にとって極めて不幸であったと言うほかない。

## †排耶に見るカトリシズムとの出会い——鈴木正三による仏教からの批判

そこで、「カトリシズムと日本文化の深層にある日本的霊性・宗教性との真実の実りある出会いは（キリシタン時代には）実現されなかったのではないか」という疑問に答えるために、以下では「排耶書《アンチキリシタン》」を見ていく。中でもとくに鈴木正三と新井白石の著作を考察してみたい。カトリシズムの宣教において重要な役割を担ったキリシタン書の内容を吟味するのではなく、私が敢えて「排耶《はいや》書」を考察するのは次の理由による。

まずここでの関心事はカトリシズムと日本文化との出会いであるから、この問題を考察するための文献資料としては、宣教する側のものよりはカトリシズムと対決する教養ある日本人の手になる著作の方が適当であろう、と考えた。排耶書として有名な文献は、高名な儒学者林道春（羅山）の『排耶蘇』（一六六二年）、林羅山と論争したことで有名なイエズス会修道士ハビアン（一五六五～一六二一頃）の『破《は》提宇《だいう》子《す》』（一六二〇年）などがある。

だが前者は、一六〇六年に京都南蛮寺で行われた不毛な論争の記録にすぎない。また後者も、右の論争の前年に『妙貞問答』と題する三巻の護教的教理書を著し、二人の尼僧の問答形式で仏教、儒教、神道を論破した上でキリシタンの教理を巧みに解説したハビアンが、右の論争の後、間もなく棄教し、おそらく死の前年に著したいわば自己弁護の書である。読み物としては興味深いが、カトリシズムと日本文化の出会いの証言として取り上げるに値しないと判断した。

これに対して『破吉利支丹《はきりしたん》』（一六四二年）の著者鈴木正三（一五七九〜一六五五）は、徳川家康直参の武士で、関ヶ原の戦いや大坂城攻めで武名をあげた後、四十二歳で出家して禅宗の僧侶となり仏法を深く学んだこの時代を代表する教養人である。しかも彼は島原の乱の後、天草代官となった弟、重成を助けて同地の住民を教化する経験を積んでおり、仏教の立場からカトリシズムについて深く考える必要に迫られたに違いない。

『破吉利支丹』におけるキリシタン批判は、①「でうす」と呼ばれる天地の主が天地万物を作り、しかもこの天地万物を作った天地の主が万人を救うために人間となって南蛮の地に現れたぜず－きりしとである、②でうす以外の神を敬うことの禁止、③日月を敬うことの排斥、④奇跡の尊重、⑤人間には畜類にはない真実の霊《たましい》が賦与され、身体が滅んでも霊は現世の善悪に応じて苦楽を受ける、の五点を取り上げている。

著者による批判は、教え自体が含む自己矛盾——例えば全知・全能で天地万物を作った天地の主が下界の凡夫に磔《はりつけ》にされるとは不条理の極み——を衝《つ》くか、教えるべき事柄自体についての認識の不足を鋭く指摘するものである。いずれもキリシタンの教えを仏教の教えと比較し、仏教の教えがはるかに深遠かつ精妙であることを示そうと試みている。

鈴木正三のキリシタン批判は、禅僧として仏道の探究、すなわち悟りへの道を追求するとともに、浄土真宗的な絶対的信仰の道にも徹することを求めた彼の宗教性と合致する、極めて論理的かつ説得性の高いものと言える。それは一言で言えば、禅宗が重視する見性、すなわち（真実の）自己認識を徹底させる道が、そのまま浄土真宗的な仏の慈悲への絶対的信頼の道へと通じる彼の宗教性にうつし出されたキリシタンの教えの批判である。この批判は、その根拠・前提である鈴木正三の宗教性に同意する限り、現在の日本においてもほとんどそのまま妥当する批判と言えるであろう。

## †新井白石の高度な論理的批判

これに対して、新井白石（一六五七〜一七二五）のキリシタン批判は、彼が儒学者、歴史家また思想家として卓越した業績をのこした「鎖国下の日本が生んだ代表的な知識人」であり、さらに外国人との接触を通じて当時の知識人の誰よりも直接に外国の文化を知っていたにしては、意外なほど、型にはまった月並なものである。しかし、カトリシズムと日本文化との出会いという問題との関係で見れば、まさしくそのことが示唆に富む、興味深い事実である、と言えるかもしれない。

ここで資料として用いたのは『西洋紀聞』（一七一五）、すなわち白石がイタリア人宣教師ジョヴァンニ・バッティスタ・シドッチ（一六六八〜一七一四）を一七〇九年十一月から十二月にかけて四回にわたって訊問した際の記録である。この訊問記録で注目に値するのは白石の発言の高度の論理性である。それには自らの学識に自信を持っていたはずのシドッチ神父も感服したほどであった。

一例を挙げると、訊問の当初、寒さを気遣って衣類を与えようとした役人に「その法を受けざる人」の物は受けとらない、と言ってシドッチは拒否したが、最後に、昼夜自分を警護する役人の労苦に同情して「自分は逃亡などしないから彼らを休ませてくれ、昼はともかく、夜は私を牢獄に縛り付けて、ゆっくり休まれるがよい」と申し出た。其の場の役人たちはこの申し出に感動したが、白石は「このものは思うにも似ぬいつはりあるものかな」と呟いたという。

これを聞き咎めたシドッチが自分はこれまで一度も嘘をついたことはない、と抗議したのに対して、白石は理路整然と次のように反論した。「役人が衣類を支給しようとしたのは汝が受けることを拒否する法に基づいてであり、汝を昼夜役人が警護するのも同じ法に基づいてである。それゆえ法に基づいて衣類を支給する役人の行為が容認できないのであれば、同じ法に基づいて警護する役人の行為も容認できないはずであるから、それを行う役人に同情するのは（その行為を定める法を是認することになり）理に反する」。これを聞いたシドッチは大いに恥じ入り「今の御言葉で衣類を断ったのは誤りだとわかりました。御受けします」と答えた、と記されている。

白石の思考の論理性はこの訊問記録の到る所で確認されるものであって、彼は事実についての言明は可能な限りそれを検証しようと努めるが、それが不可能な場合、それら発言の間に矛盾、対立がないか、厳密に吟味することを怠らない。

それはシドッチのキリシタンの教義についての説明の場合にも見られる特徴であって、白石は個々の教義《ドグマ》の真偽を追求するというより、むしろそれら教義の間に認められる矛盾に目を向けている。このような優れた思考能力を持つ白石が幕府の要職に在ることの危険性を感じたシドッチは、世界情勢について詳細な説明を求められた際、オーストラリアについてのみ報告を拒み、後にその理由を「かくも偉大な力ある人にオーストラリアのことを詳しく知らせると侵略を招くおそれがあるから」と説明したと伝えられている。

シドッチの天文地理ならびに歴史や政治的情勢に関する博覧強記、学識に感心した白石は、キリシタンの教えに関する説明を聞くに及んで大いに失望し、「其教法を説くに至《いたり》ては、一言の道に近き所もあらず。智愚たちまちに地を易《か》へて、二人の言を聞くに似たり」、つまり同じ人間が語っているとは思えぬほど稚拙である、と評している。さらに白石はこのような落差の理由を次のように説明する。「ここに知りぬ。彼方の（つまり西洋の）学のごときは、ただ其形と器（つまり物質的・技術的側面）とに精《くわ》しき事を。所謂形而下なるもののみを知りて、形而上なるものはいまだあづかり聞かず」。

白石のこのような西洋学問の評価は、林羅山が天球・地球儀などの儀器と地球図によって議論を裏付けようとする修道士ハビアンの説明を評して「奇技奇器を作り、以て衆を疑はしむるもの」と切り捨てたのと同様である。つまり、朱子学の精緻な形而上学的理論にくらべれば西洋の天文地理学は児戯《じぎ》に類する、と独断的に主張しているにすぎない。

白石は訊問の最終段階で「天主の教、我いまだ聞《きく》所あらず。其大略を聞かむ」と切り出し、シドッチは「大凡《おおよそ》、物自《みずか》ら成る事あたはず、必《かなら》ずこれを造るものを待得《まちえ》て成る。……天地万物、これに主宰たるものあらずして、成る事あらず。其主宰名づけてデウスといふ」と語り始める。説明の内容紹介は省略して、白石の批判について述べると、「按ずるに、西人（シドッチ）其法を説く所、荒誕浅陋《こうたんせんろう》、弁ずるにもたらず」と断定しつつ、「しかりといへども、其甚《はなはだ》しきものゝごときは、また弁ぜざることを得べからず」といわば学者・思想家の本務に立ち帰って、キリシタンの教えのうちで甚だしく受け容れ難いと思われるものを取り上げている。

## †カトリシズムと日本文化の出会いを閉ざした白石

白石はさきに西洋の学問は形而下の事柄のみ関わり、形而上の深遠な問題に関しては極めて幼稚であると論じた際にも「天地のごときもこれを造れるものありといふ事」を例として挙げていた。このように、何もないところから天地を造り出すという創造の観念、ないしそのような働きを為す造物主・創造主という観念こそ最も空疎で児戯に類する幼稚な妄想であると白石は考えていた。

白石がデウスによる天地万物の創造をこのように幼稚な妄想と考えた理由は「創造」を「造る」という言葉の日常的意味に基づいて理解していたからであって、「天地万物自ら成る事なし、必ずこれを造れるものあり」と主張するのなら「デウスまた何ものゝ造るによりて生まれぬらむ」という問いに答えねばならぬだろう、と論じているのも同じ理由によるる。白石によるとキリシタンの教えは「天地人物の始より、天堂地獄の説に到るまで、皆これ仏氏の説によりて」作りあげたものだ、というのであるから、白石自身、神《デウス》による万物創造というキリシタンの根本教義をそれほどつきつめて考えなかったことは明らかである。

このように創造主なる神《デウス》というキリシタンの中心的教えが妄想に過ぎないと決めつけ

られた場合、もう一つの中心的な教えである（神がわれら人類の救いのために人間となったという）托身（受肉）つまり神が自分を無にして人間の姿で現れた神秘中の神秘が「嬰児の語に似た」説として片づけられるのは当然のことかもしれない。また白石は人祖が神《デウス》の戒めに背いた罪とそれに対する罰から始めて、ノア、モーセと神《デウス》の関わり、イエスの受難と贖罪の意味などについて語り、全能、至善なる神《デウス》による創造・主宰とそれらの出来事とは両立し難く、矛盾すると断定するが、それらはすべて神《デウス》の業を有限な世界の内部に限定して、人間的な尺度で理解したことの帰結にすぎない。

さきに筆者はこう述べた。白石のキリシタン批判は卓越した儒学者、高度の論理的思考力を有する思想家、という資質とは釣合いのとれない型にはまった月並なレベルにとどまるが、そのことはカトリシズムと日本文化との出会いという観点から見ればむしろ示唆に富むものではないか、と。つまり白石は、形而下の学問・知識に関しては驚歎すべき智者であるシドッチが、形而上の教法について語ることは全く幼稚であるのを見て、形而上の事柄に関しては西洋文化から学ぶべきものは何もない、と判断したとき、彼はカトリシズムと日本文化との出会いの道を閉《とざ》した、ということである。

彼はこのとき、カトリシズムを形而下の事柄のみの探求と開発に集中する西洋文化に属するものと決めこみ、それと日本文化の中核にある成熟した日本的霊性・宗教性との出会いには思い到らなかった。その意味で、白石の「キリシタン批判」は、鈴木正三とは違って、キリシタンの「批判」と言うより、むしろキリシタンの教えを「仏氏の浅陋な亜流」に過ぎぬ有害無益な代物として斥けたに過ぎないと言うべきであろう。

## 2　西田幾多郎と「創造」の概念

### †「神による天地万物の創造」への反発

これまでキリシタン時代におけるカトリシズムと日本文化との出会いの問題を、この時代の二人の代表的な知識人が著した「排耶書《アンチキリシタン》」から読み取ろうと試みた。そこで私が最も強烈に印象づけられたのは、「天主の教」の第一の信仰内容――それはまた日本の知識人にとって全く未知で異様な概念であった――である「天地万物の造り主天主《デウス》」という概念が呼び起こした拒否反応の激しさであった。

もし彼らが直面した「神による天地万物の創造」が、白石とほぼ同時代のヴォルテール（一六九四〜一七七八）によって通俗化された理神論（Deism）の神（時計の存在を根拠づける時計職人に喩えられる神）の業にすぎなかったのであれば何の問題もない。つまり天地創造が終わると舞台から消える「機械仕掛の神《デウス・エクス・マキナ》」が天地万物を造ったという話なら、単なる知的好奇心の対象として片づけることができたであろう。

しかし、これらキリシタン時代の知識人に伝えられた「天地万物の造り主なる天主《デウス》」は、自らが選んだ民といつもともにある契約の神、摂理の神であり、時が満ちると人間となって人々に神の国の到来という福音を告げ、十字架上の受難と死によって人類の罪を贖《あがな》った正義と慈愛の神であった。おそらく、これら知識人はキリシタンが信じる神を、彼ら自身が敬《うやま》い崇めている神々や仏になぞらえるやり方で理解した。その神が摂理によって世界に内在し、恵み深い慈愛をもって人間の心の奥深くに現存するというのなら理解できたであろう。

しかしその神が天地万物を造るという教えは全く幼稚な妄想、およそ形而上の事柄を考察する能力のない輩《やから》の説としか映らなかったに違いない。言いかえるとこれら知識人は「天地万物を造る」というキリシタンが天主《デウス》に帰している業が、自分たちの霊性・宗教性に照らしてあまりにも幼稚で児戯に類するものであったので、前述のように激しく反発したと考えられるのである。

カトリシズムと日本文化との出会いの問題を「創造」の概念を中心に適切な仕方で考察

するためには、「創造」を厳密に神の業として、またキリシタン時代の知識人たちが「創造」の概念と対決し、考察を進めるにあたって拠り所とした日本的霊性・宗教性について適確に理解することが必要であるのは言うまでもない。しかしその考察に入る前に、問題の所在をつきとめる一助として、西田幾多郎と「創造」の概念の関わりを振り返ることにしたい。

### †創造と顕現

まず『善の研究』において、西田は神が万物を無から創造するという意味での「創造」の概念に対して否定的な見解を示している。宗教を一般に神と人との関係として規定した上で、西田は神を有限的および人間的存在とは本質を異にする超越的な存在と考える立場を斥ける。そして神は宇宙の根本であって、宇宙の内面的統一力であるとする立場に与《くみ》している。

神がわれわれの根本であるというのは、われわれは神と一体になることによってわれわれ自身を失うのではなく、むしろそれによってわれわれ自身を得るのだ、との意味においてである、と言われる。神と人との関係の神髄を言い表す言葉は、人は神において真実に在り、生き、自己を見出す、ということだとされる。これに対して「超越神があって外から世界を支配するという如き考は啻《ただ》に我々の理性と衝突するばかりでなく、かかる宗教は宗教の最深なる者とはいはれえない様に思ふ」と断定する。

西田はこのように、神は根本的に宇宙に内在すると考える立場から創造の概念を斥けている。神は宇宙の外に超越する造り主であるという考え方、つまり神と宇宙との関係を芸術家とその作品との関係に喩えることは、知的および道徳的な幼稚さの徴《しる》しとして斥けられる。それは一種の擬人観であり、創造主は彼が創造した世界の外に超越すると考えた理神論の誤りである、と西田は指摘する。これに対して神と宇宙との関係は「創造」ではなく「顕現」(manifestation)の概念に基づいて理解すべきである、と彼は主張する。

しかし、ここで見落としてはならない重要な点がある。西田が斥けている創造は、創造主が彼の創造した世界の外にあるという、創造主の一面的な超越性――そこで「創造」という働きは「いまそのことを為し、つぎの瞬間にはそのことを為さない」という偶然的作用として捉えられている――を含意する限りでの創造である。これに対して、西田が世界は神の顕現であると言うとき、彼は宇宙ないし自己がその統一に関して統一の根拠たる神に依存するという関係を意味しているのであって、それを西田は「永遠の創造」と呼んでいる。つまり、永遠の創造という意味での「創造」は「顕現」に相当するのであり、彼は決してそれを斥けてはいないのである。

## †神の超越性を否定しなかった西田

ではなぜ西田は神と世界との関係を説明するのに「顕現」の概念を選びとり、「創造」を斥けるのか。それは、神と世界、神と自己とは根本的に同一であるという哲学的立場、神と自己とは一体でなければならぬという彼自身の宗教的要求に基づく。

端的に言って、創造の概念は世界における神の内在と相容れない、というのがこの時期の西田の宗教観である。彼は「神がなければ世界はないように、世界がなければ神もない」という、プロセス神学の合言葉とも言えるこの思いきった表現で、絶対無限なる神とこの世界とが一体であって、切り離しえないこと、すなわち世界における神の内在を言いあらわしている。西田が、この世界からの離存という意味での神の超越性を全面的に斥けていることは疑う余地がない。

しかし世界との関係における神の超越性は世界からの離存ということで言い尽くされるものではなく、したがってまた神の超越性は必ずしも世界における神の内在を必然的に排除する、というわけでもない。西田はたしかに神と世界は、ある深い意味で同一であることを肯定するが、神と世界を単に等置してはいない。神は世界に内在し、世界とある深い意味で同一であるが、神との一体化はあくまで探求ないし追求すべきものであることは排除されない。その限りで、神に対する世界の全面的依存の関係は否定されず、神に対して何らかの意味での超越性を帰属させなければならない。それは西田が斥けた世界からの離存という一面的で皮相的な超越性ではなく、より根源的な、神の本質に属する超越性である。

したがって西田が、世界からの離存という幼稚な意味での神の超越性を排除するために創造に対して否定的な態度をとった時、彼はより根源的な意味での神の超越性を否定したのではなかった――もし否定していたら、神との一体化を追求する世界および自己と神との間の全体的・絶対的依存の関係も否定され、およそ宗教について語ることはすべて意味を失ったであろう。そしてこの根源的な意味での超越性との結びつきで、創造の概念がより深い意味で肯定される余地が残されていたのである。実際に『善の研究』以後の西田の哲学的思索はより深い、真実の意味での創造の肯定という方向を強めたように思われる。

## †西田による創造の概念の展開

『善の研究』以後の西田の哲学的探求の展開に関してはっきり言えることは、具体的、現実的な世界としての純粋経験の世界がしだいに歴史的、社会的実在の世界――西田は「行為的直観の世界」「ポイエシスの世界」という言い方をする――として捉えられるようになった、ということであろう。そして、実は創造の概念は、こうした歴史的世界の把握と密接に結びついているのである。

『善の研究』では哲学的探求はもっぱら意識の領域で、意識の問題として進められていたのに対して、西田は次第に実在の領域で現実に存在し、生き、行為する人間の自己認識を哲学的探求の中心に据えるようになる。そしてそれに対応して、西田がこの歴史的・社会的実在、その形成の論理についての理解を深めるにつれて、彼は創造についてより積極的な見解をとるようになる。実際に、西田がその哲学的生涯の最終段階において到達した形而上学的立場においては、創造の概念が中心的な場所を占めるようになったと言うことができる。

『善の研究』の約三十年後に発表された論文「人間的存在」の冒頭で、西田は人間存在を「創造的世界の創造的要素」と呼び、さらに「創造されて創造するもの」と特徴づけている。彼は発展・進化する歴史的世界を創造的なものと考え、人間は一方においてこの歴史的世界の創造的過程のうちで形成され、創造されるものである、と規定する。

他方、人間は意識的存在もしくは反省的存在である限り、その同じ歴史的世界における創造的要素である——つまり人間は創造する——とされる。人間はその認識の働き、すなわち「見る」ことにおいて創造的であり、より厳密に言えば、「作ることによって見る」

もしくは「ポイエシスによって知る」ことによって、人間は創造的なのである。

右の論文の三年後に書かれた「自覚について」になると、創造の概念はより体系的に考察される。西田はこの論文で、世界を自己の立場から自己中心的に、自己肯定の視点から捉えるのではなく、むしろ世界の立場から自己とその働きを捉えようとする自らの立場を強調する。

さきに人間の創造的活動とされた「作ることによって見る」「ポイエシスによって知る」こと、つまり「行為的直観」とは自己中心的な働きではなく、絶対的な自己否定によって媒介された創造的行為である。働き・能動的行為が真の意味で働きでありうるためには、それは絶対的な自己否定によって媒介されていなければならない、というのが西田の根本的な洞察であり、信念である。言いかえると、最高の働きとしての創造とは、絶対的な自己否定を通しての創造でなければならない。

西田は、神が愛からして創造したということの意味をこのように解釈している。西田によると、絶対否定と最高の働きとしての創造とは切り離しえないのであって、仏教においては絶対否定の面を重視するあまり、創造に思い及ばなかったと指摘しているのは注目に値する。確かに絶対否定は生滅の世界と直接に結びつく。だがそれだけに着目するのは一面的であって、絶対否定によって媒介される最高の働きとしての創造を見落としてはならない、というのが西田の根本的な洞察であった。

## †神の超越性への自覚

ところで形而上学的な創造の概念が最も明示的な仕方で提示されているのは、西田の死の三ヵ月前に発表された「場所的論理と宗教的世界観」においてである。ここで彼は働きの三つの段階についての考察を通じて創造の概念への接近を試みる。第一の段階は物質の世界において見られる働きである。物質の領域において観察される作用―反作用は相互的、可逆的なものであるところから、そこには厳密な意味での働きはありえないことが指摘される。

次に生命の領域における働き、活動は目的志向的であり、不可逆的である。したがってそれらはより真実の、そして充実した意味で働きと呼ぶことができる。最後の段階は自己反省的であり、自己の目的を意識している諸々の主体によって構成されている歴史の世界である。

ところで、自己の働きの目的を意識している主体のみが自らの内面からして働きうるものであるから、最も完全な意味での働きが見出されるのはこのような主体においてのみである。さらに、この場合には働きは何か他の特殊なものに対して働きかけることではなく、むしろ世界の全体を顕現することを意味する。そして西田はこのような最も完全な種類の働きを創造と名付けたのである。

西田によると真実の、そして最も完全な意味での働きが創造の名に値するものであり、そして世界において見出される最も完全な働きといえば顕現の働きである。ところが自己以外の何かを顕現するためには、自己を否定し、自己を虚しくすることが要求される。自己否定が完全であるとき顕現は完全なものでありうる。したがって創造の働きは絶対的な自己否定を前提とする。このように西田は低次の働きから出発して、創造の名に値する最も完全な働きに到達し、そしてこの最も完全な働きは絶対的な自己否定によって媒介されるものであることを見出すのである。

ところが自己へと立ち帰りうる主体である人間が行う顕現・創造の働きは純粋な創造の働きではない。人間は自己への立ち帰りを深め、純粋化する――これは真の意味での自己認識にほかならない――に応じて、彼の顕現・創造の働きが、実は世界の自己顕現ないし自己形成・創造への参与にほかならないことを悟るようになる、と西田は言う。人間は世界の自己創造に参与する限りにおいて彼の創造の働きを遂行するのである。

西田はここで「世界の」自己創造と言い、「神の」創造とは言わないが、彼が世界の自己創造を神の創造と考えていたことは確かである。彼は「我々の自覚は神の自覚を分取することである」、また「人間はここ（世界の自己創造への参与）において神的創造の事実に接する」とも言う。つまり、人間が自らの顕現・創造の働きに立ち帰り、いわば自らの能動的な働きの根源に到りついたとき、彼は自らが創られたものであることを悟る。言い換えると、人間は端的に創造する者ではなく、創造されて創造する者である。

このように見てくると、西田の後期の著作においては、『善の研究』で西田が強調した神の世界における内在という立場は根本的に保持されつつ、より深い意味での神の超越性が明確に認められるようになっていることが明らかである。神と人間との一体化は人間の完全な自己否定——それは神へ向かっての人間の自己超越である——によって媒介されるべきものであることが明確に主張されているのである。

西田は単純に神の内在について語るのでなく、神の内在的超越について語るようになる。彼が超越の要素の重要性を強く自覚するようになったことは、近代文化の一面的な内在主義的性格を批判しているところにも示されている。彼によると近代文化が衰退し、崩壊のきざしを見せているのは当然のなりゆきである。それは超越の必要性を忘れて、神から離れて文化的営みを追求したことからの必然的な帰結である、と言う。

結論として、西田が『善の研究』においては斥けた世界からの離存を含意する神の超越性よりも、より深い意味での神の超越性を次第に明確に自覚する方向へと思索を進めたことは確かであり、それが後期の著作に見られる「創造」の概念についてのより積極的な言明において反映されていると見るべきであろう。

## 3　カトリシズムと日本的霊性

### †鈴木大拙の説く日本的霊性

カトリシズムは四百数十年前に日本に伝えられ、急速に多数の日本人がこの全く新しい宗教に帰依したが、それは果たして日本文化と本当に出会ったと言えるのか。二百数十年に及ぶ苛酷で執拗な迫害に堪えて信仰を守りぬいた信者がいた事実は、カトリシズムが日本的霊性のなかに根をおろした徴しと言えるのか。カトリシズムは日本で、文字通り光と影と呼べるような極端に対立する反応を呼び起こしたのだが、それは本当の意味で理解された上での反応だったのだろうか。

このような疑問を抱きつつ、キリシタン時代の二人の代表的知識人と現代の日本哲学にとって先駆的な仕事をした一人の哲学者が、西洋文化とともにもたらされた宗教に対して示した反応を考察してきた。ここで明らかになったのは、彼らが一様に「天地万物の造り主である天主《デウス》」ないしは「世界を超越する神による世界の創造」という教えに激しい反発・否定の態度を示したことであった。

ここに見られる反応の斉一性《せいいっせい》はその根底に共通の根拠ないし規準があることを示唆するものであり、それこそこれまで何度も言及した日本文化の中核にある日本的霊性にほかならぬと言えるのではないか。そしてその日本的霊性がいかなるものであるかは、キリシタン時代の知識人たちの著作からは神道、仏教そして儒教によって培われたものという漠然とした概念以上のものを読みとることは困難であるが、西田の著作は明確にそれを言い当てているように思われる。

すなわち、世界ないし自己はその統一の根元である神と本来的に一体であってまた本性的に同一化を追求するものである、言いかえると神は世界ないし自己に内在することを徹底的に肯定するのが日本的霊性にほかならない。西田は当初は超越を世界の外なる離存という風に一面的に理解してそれを否定したのであるが、次第に真の超越は絶対的な自己否定を含意することを自覚するに及んで、真の超越は徹底的な内在なしにはありえない、という立場に到達した。

ところで、この西田の立場は、『日本的霊性』の著者鈴木大拙の説くところと根本的に合致する。鈴木によると日本的霊性が明確な自覚的段階に到達したのは、鎌倉時代の浄土系思想と禅の思想との出会いを通じてそれまで習俗の段階にあった宗教意識が飛躍的に成熟したことによる。そして日本的霊性の中核・本質は「絶対者の無縁の大悲」である、と鈴木は言うが、それは西田の「神の絶対的な自己否定、すなわち愛」に対応すると言えるであろう。

「絶対者」と言えばすべての有限で偶然的な相対的事物ないし現象を超越する「天」と結びつけられがちであるが、鈴木は天を崇《あが》めるべきことを認めつつも、「霊性の奥の院は、実に大地の座に在る」ことを強調し、絶対者の大悲は大地に内在するものでなければならぬことを指摘する。

ここで注目に値するのは、浄土系思想と禅思想は宗派の違いを越えて、絶対者（仏）の大悲を全面的・無条件的に肯定することで根本的に一致する、という鈴木の解釈である。この大悲の光の中にわが身をなげ入れることがすべてであり、そこでは念仏と坐禅の違いは消えうせる、と彼は信じている。彼は言う。「とにかくまず無辺の大悲にひとまずは摂取せられねばならぬ。そしてこの摂取は自分が深く大地から出ているものであるというところに感ぜられる」、つまり絶対者の大悲は大地に、われら自身に内在する、というのが日本的霊性の本質なのである。

## †日本的霊性はカトリシズム受容を妨げない

　ではこのように絶対者の内在を徹底的な仕方で肯定する日本的霊性は「神は天地万物を創造した創り主である」という神の絶対的な超越性を明確に肯定する教えを基本信条の冒頭で宣言するカトリシズムとは根本的に相容れないのか。そしてこのような霊性によって培われた日本人の心がカトリシズムに根強い違和感を覚え、カトリシズムは日本文化と深いところで本当に出会うことはなかった、というのがキリシタン時代から現在までの歴史の真相なのか。

　そう考える人が多数であっても不思議ではない。中村元博士によると「日本人の思惟方法のうち、かなり基本的なものとして目立つのは、生きるために与えられている環境世界ないし客観的諸条件をそのまま肯定してしまうことである。諸事象の存する現象世界をそのまま絶対者と見なし、現象をはなれた境地に絶対者を認めようとする立場を拒否するにいたる傾きがある」。

　つまり日本人の考え方・生き方を特徴づけるのは「現象世界の無常なるすがたがそのまま絶対的意義を有する」という徹底的な現実肯定であり、「もともと現象界の諸相を超えたところに存する究極のさとりを意味する『本覚』なるものが、日本では現象世界のうちに引きずり下ろされた」というのである。もし日本的霊性の特徴である「世界および自己への絶対者の内在」の徹底的な肯定がこのような現実肯定ないし現世中心の楽天観を意味するものであるならば、それがカトリシズムと根本的に相容れないことは明らかであろう。

しかし日本的霊性の顕著な特徴である徹底的な絶対者の内在の肯定は、決して容易に、無常を直ちに涅槃《ねはん》と同一視する現世主義や楽天観に還元できるものではない。私は親鸞や道元の仏道探究・修行は（啓示信仰による導きによらない）絶対者の探求としては古今東西に比類のない卓越したものではないか、と常に感じている。そのような徹底的な探求が絶対者の限りない超越性を自覚することなしにはありえないことは明白である。

そして西田と鈴木が説得的に説明したように、日本的霊性は、絶対者が絶対者であることの決定的な証《あか》しとも言うべき絶対的な自己否定にもとづいて、絶対者の真の超越を西田が「内在的超越」と名づけた仕方で確立することができたのである。

日本的霊性の本質がこのように理解されるとき、それがカトリシズムを日本人が理解して受け容れることを原則的に妨げる要因ではありえないことは確実に示された、と言えるのではないだろうか。それだけではなく、鈴木が「霊性の奥の院は、実に大地の座に在る」と言明し、日本的霊性の神髄は「絶対者の無辺の大悲の光の中にわが身を投げ入れ、この大悲に摂取せられる」ことである、と説明しているのは、さきに「日本文化の側からも宗教としてのカトリシズムに何らかの寄与を為しうる道」があるのではないか、と述べたことの具体的な可能性を示唆するものではないか。

カトリシズムと日本文化の出会い、という問題についてのこのような考え方を頭に置きながら、次にカトリシズムの本質は何かという問いを順を追ってできる限り先に進めてみよう。

第二章

# カトリシズムと「超自然」

# 1 「超自然」の意味

## †超自然は身近な現実

　宗教としてのカトリシズムに出会う者が、カトリシズムに関心を覚えてもっと知りたいと思うか、逆にカトリシズムに失望して関心を喪失し、理論的にも実践的にも完全に無意味で無用な代物《しろもの》としてかたづけるか。それはほとんどすべての場合「超自然」に関するカトリシズムの教えが、いかなる印象を与えるかによって決まる、と言えそうである。

　つまり、カトリシズムが教える超自然は自分たちがそれまで（多くの場合、漠然とした形で）心に抱いていた根本的な価値観と合致する、ないしは自分たちの最も奥深い宗教的要求を満たしてくれると感じるか。あるいは反対に自分たちの世界観や自己意識とは全面的に相容れないと感じるか。要するに宗教としてのカトリシズムと出会う者がどのような根本的選択をするか、その鍵を握っているのはカトリシズムの本質と密接不可分に結びついている超自然の教えだ、ということである。

いま「超自然」はカトリシズムの本質から切り離すことができないものだ、という言い方をしたが、それは決して「超自然」を認め、それについて教えるのは何か特殊な立場であって、そのことがカトリシズム固有の本質を成立させるものだ、という意味では決してない。むしろ私が言いたいのはそれと正反対のことであって、「超自然」――それは人間に固有の知るちから、理性ないし知性を超え出るものではあるが、理性に反するものではない――を認めることは、実は「生まれながらに知ることを欲する」すべての人間に共通の、普遍的な真理探求の在り方なのであり、カトリシズムはその意味で超自然を承認し、この承認を根本的な基盤とする宗教だ、ということである。

「超自然」という言葉を聞くと、おそらく多くの人が「奇跡《ミラクル》」という言葉を連想し、現実離れの異次元の世界、自然界で観察され、社会で出会う様々な事実や出来事とはまったく異質の事象を思い浮かべるかもしれない。カトリシズムは、奇跡を何らかの科学的あるいは哲学的理由で不可能だと原則的に否定する立場――一元的自然主義――は明確に斥けるが、奇跡《ミラクル》が文字通り「驚くべき・不可思議な《ミラビリス》」出来事である、という側面をとくに重視することはない。カトリシズムにとって奇跡(miraculum)はむしろ「驚くべきこと・不可思議なこと」を意味する(mira)と指小辞(culum)とが結びついた言葉自体が示しているように、「超自然」という人間の理性のみではまったく知りえない、大いなる驚歎と賛美に値する実在の「小さな」事例なのである。

例えば「排耶書《アンチキリシタン》」の著者たちが一様に激しく反発した神の創造する働きは、われわれが自然界で観察する「造る」という働き、また原因が結果を生ぜしめる働き、そのすべてが変化を含意する限り、「造る」という言葉で言い表すことの全く不可能な働きである。われわれは自然界の諸々の事物の有限性や偶然性からして、それらすべてが自己自身によって「在る」ものではないこと、つまりそれらが何らかの他者によって「在らしめられ」ていることを認識し、万物を「在らしめる」創造主なる神が存在することを認識する。

しかし、創造主なる神が「何である」かについては人間の理性のみによっては全く知りえない。同様に神自身の働きとしての「創造」についても理性のみによっては全く知りえない。後に述べるように、それは神の啓示によってのみわれわれに知られる神秘であり、超自然に属することなのである。

それでは神自身の働きとしての「創造」はわれわれにとって直接に関わりのない、空々《そらぞら》しい言葉にすぎないのかと言えば、まさしくその反対であって、われわれ自身の存在、生命、働きのすべてがそれなしには虚無となるような、われわれにとって最も親密な実在なのである。われわれは超自然としての「創造」について理性のみでは全く知りえないが、信仰の光に照明されることによって「創造」が神の測り難い慈《いつくし》みと知恵の顕現であることを悟る。その意味では「創造」も含めて、超自然はわれわれにとって極めて身近な現実なのである。

## †人間は信仰によって超自然を認識する

超自然はカトリシズムの本質から切り離すことのできないものだが、決して何か特殊な秘教的《エソテリック》なものではなく、すべての人間に共通の、普遍的な真理認識に属するものである、と先に述べたことについて、次に補足説明しておこう。例えば、われわれはすべての存在するものを存在せしめる、存在の第一根源・創り主である神が存在することを論証することが可能であるが、神が「何である」か、また神の働きとしての創造とは「何である」かを理性のみによって知ることは全く不可能である。

しかし、生まれながらに知ることを欲する人間の理性ないし知性は、存在することを知った神について、その「何である」かを知るまでは、知りたいという本性的欲求が完全に満たされるまでは安らぐことはない。私はここでこのような神の「何であるか」を知りたいという人間の本性的な欲求について詳細な説明に立ち入ることは避けるが、「人間である」ことの完全で究極的な実現としての幸福について真剣に探求する者であれば、誰でもそのような欲求の存在を認めるに違いない、とだけは言えると思う。

問題は、さきに超自然は「神の啓示によってのみ」あるいは「信仰の光に照明されることによって」われわれに知られる、という言い方をしたが、「啓示」とか「信仰」とは厳密に言って何であるのかである。広い一般的な意味では、啓示とは神が自分自身と自らの業を、人間に理解可能な何らかの手段を通じて示すことであり、信仰とは人間がそのような神の啓示を真理として承認し、それに従って生きることだ、と言えるであろう。

わかりやすく言うと、啓示とは「教える」神の言《ことば》であり、信仰は「学ぶ」者である人間が神の言《ことば》に耳を傾けることである。何かを学ぼうとする者が第一に為すべきこと、それなしには「学ぶ」こと自体が成り立たない必要不可欠なことは、教師の言《ことば》を聴くことであるから、神の教えに従って生きる道である宗教にとって、信仰が何よりも不可欠で大事であることは明白であると言えよう。

カトリシズムにおける「信仰」の本質、および信仰の様々な意味については後で詳しく述べるので、ここではカトリシズムにおいて、信仰が超自然との結びつきのゆえに特別の重要な意味を持っていることについて一言しておきたい。

さきに人間であることの完全で究極的な実現としての幸福は、理性のみによっては決して認識できない神の「何である」かを知ること——聖書に言う「顔と顔を合わせて（神を）見る」こと——に存する、という言い方をした。つまり、「知りたい」という人間の本性的な欲求は自然の領域を超えて、超自然をもその射程のうちに含んでいるのである。

自己矛盾的な言い方になるが、人間の自然・本性は、自然・本性的に超自然へと秩序づけられているのであり、逆に言えば超自然は（そのように超自然を受容可能であるような）人間の自然・本性を前提とするものである、というのがカトリシズムの「超自然」観である。そして、このような自然・本性を有する人間が現実に超自然を認識するのは信仰によってである、というのが宗教としてのカトリシズムの根本的立場にほかならない。

## 2　超自然と形而上学

### †カトリシズムは反科学的か？

「超自然」の意味をめぐって色々と説明を聞いたが、結局のところカトリシズムが超自然を重要視するのは、目に見える世界だけにわれわれの関心を限るのは誤りで、目に見えない世界も大事にしなければならない、ということに帰着するのではないか、と感じた人が多いかもしれない。人間は目に見える世界、つまり「形而下」の事柄だけでなく、「形而上」の事柄にも関心を向け、できる限り正確な知識を身につけるよう努力する必要がある、という考え方は教養を重んじる人々の間ではむしろ常識であると言える。

しかし目に見えない、つまり感覚的に経験できない事柄については科学的知識の成立のために必要不可欠な「検証」が不可能なので、「形而上」の事柄に関する探求や議論は「科学」の領域からは原則的に排除される。したがってカトリシズムが重要視する「超自然」を目に見えない「形而上」の事柄と同一視した場合には、カトリシズムという宗教は科学的に検証できない事柄を重要視する、その意味で反科学的な宗教だ、という疑念にさらされることにならざるをえない、のではないか。

カトリシズム、というより近世のカトリック教会が科学の発展を阻害したという、いわゆる「宗教と科学の闘争の歴史」は、現在では「歴史」というよりは反キリスト教的な啓蒙主義というイデオロギーの宣伝《プロパガンダ》に過ぎないことが明白になっているので、ここでは問題として取り上げない。

むしろわれわれが直面すべき問題は、次の二つにしぼられるのではないか、と私は考える。第一は経験主義者ないし実証主義者によって空虚で意味のない言明の体系化にすぎないとされる形而上学とは、真実のところどのような学問ないし知識であるのかという問題。第二はカトリシズムが重要視する「超自然」は、そもそも形而上学が対象とする「形而上」の事柄と同一視できるのか、という問題である。

私はここで古代ギリシア哲学以来の形而上学の歴史を詳細に振り返り、また現代における様々な形而上学構築の試みを概観することを通じて、形而上学という学問の可能性ないし本質を探求しようとするのではない。私はむしろ、自己認識への形而上学的な道を再発見することを通じて、形而上学とはいかなる学問であるかを明らかにしたい。

この自己認識の問題は、哲学の歴史の当初から「汝自身を知れ」として「知恵の探求《フィロソフィア》」の中心課題とされていながら、ヒュームにおいて「自己」そのものの消去によって哲学の視界から排除され、カントによってそれまでの独断的形而上学ともども理性的な知の領域から完全に追放されたために見落とされていた問題である。

## †自己認識と形而上学の本質

簡単に言うと、アリストテレスの『魂について』において可能性が示された哲学的な自己認識の理論は、アウグスティヌスを経て十三世紀のトマス・アクィナスにおいて一応の完成に達した後、ドゥンス・スコトゥスを経て十四世紀のウィリアム・オッカムにおいて形而上学的霊魂論が崩壊したのにともなって哲学の領域から姿を消した、というのが、私が後期スコラ哲学から近世十六、十七世紀のスコラ哲学について行った研究の結果として到達した結論である。

哲学的な自己認識の理論において重要なのは、認識されるべき自己とは知性的認識を行う知性的霊魂（anima intellectualis）ないし精神（mens）であることの確認であるが、それに劣らず重要なのが次の形而上学的な難問に注意することである。第一に自己認識を行うべき人間知性ないし精神は、自己――それは感覚によっては捉えられない可知的な（intelligibilis）知性的・精神的な実体である――を認識する能力を有してはいるが、当初はその能力はまだ可能態の状態にとどまっている。

次に認識されるべき自己の方も知性的・精神的な実体として可知的であるとは言っても、身体と結びついている人間の知性的霊魂の可知性は――トマス・アクィナスの言葉を借りると、諸々の物体的事物間における第一質料（materia prima）にも比すべき可能態の状態に在るので――ほとんど認識不可能なのである。ヒュームは自己認識というものは「認識する自己」が「認識されるべき自己」に深くはいり込むことで成立するかのように想像したようであるが、もしそうであれば彼は自己認識という形而上学的難問をかかえた問題を心理学的な観察・実験と取り違えていたとしか考えられない。

自己認識は、われわれが何物かを知的に認識するのにともなって自らの認識活動を振り返り、その振り返りにおいて認識している自己・精神（それが「何である」かは未だ知られていない）の現存を確実に認識することができる、という意味ではすべての人間（彼らが知的な認識活動を行う限り）が共有しているものである。

自己が「何である」かが知られないままの自己の「現存」の認識を「自己認識」と呼ぶことはできない、それはむしろカントに従って「自己意識」と呼ぶべきではないか、と主張する者が多いかもしれないが、私は不完全ではあってもこれは真実の自己認識であると考える。それは神の「何である」かが知られないままの「神の存在論証」が可能であるのと同じ理由に基づく。そして、このような自己認識が共有されていることのゆえに、自己認識は哲学のアポリアであるにもかかわらず、人々が行う一人称単数の代名詞で始まる発言は意味のある有効な発言でありうるのである。

他方、厳密な意味での自己認識は、これまで繰り返し述べたように形而上学的な認識であり、しかもそれが形而上学全体を基礎づけ、また形而上学の本来の出発点たるべき存在認識であることが近世哲学においてはほとんど完全に忘却ないし無視されてきた。このような私の形而上学についての見解、および近世哲学についての否定的評価が極めて独断的に響き、容易に受け容れ難いものであることは私自身よく承知している。

しかしこのような私の見解の根底には後期スコラ学において始まり、近世哲学においてはほぼ完全に定説となった、理性（知性）と信仰、哲学と神学の分離は、理性や哲学が信仰や神学の桎梏から解放されて自立する道を開いたという説明に対する疑問がある。それよりはむしろ、この分離は理性や哲学を矮小化して、トリビアルな問題との取り組みに専念する傾向を強めたのではないか、というのが私の疑問である。これについてはこの後、様々な問題との関連で説明を試みるつもりであるが、いずれにしても形而上学という学問をどのように理解するかは、カトリシズムにとって重要な意味を持つ信仰と理性の関係という問題と深く結びついているので、もう少し議論を続けたい。

## †形而上学には自己認識が必要不可欠

自己認識は形而上学的な認識であり、形而上学の本来の出発点たるべき存在認識である。なぜなら、知性が自らの働きを振り返ることを通じて自分自身へと完全に立ち帰るという仕方で認識される自己・精神は、「ここに・今」在るという単なる事実ではなくて「自分自身において在る」という完全な在り方をする存在だからである。

それは諸々の物体のように「ここに・今」在るという極度に限定された、特殊な在り方をする存在ではなく、「何時《いつ》でも・何処《どこ》でも」在るという、（特殊的限定を超える）普遍的な在り方をする存在であって、学知（scientia）としての形而上学（存在論）はそのような普遍的存在（ens universale）、つまり「在るもので在る限りの在るもの」（ens inquantum est ens）を対象とする、というのがアリストテレス以来の形而上学の伝統であった。

　ではどのようにして前述のように（認識を行う者としても、認識されるべき対象としても）極度に可能態の段階にとどまっている人間知性・精神が自己認識を達成し、形而上学の対象である普遍的存在《エンス・ウニヴェルサーレ》を認識しうるようになるのか。

　この重要な問題についてここで詳しく論述できないが、要点は人間知性が自然学の対象である諸々の質料的で可変的な事物について、それらの「何である」かを認識する働きを熱心に行ったことによって、人間知性の（普遍的で可知的なものを認識しうる）能力・可能性が次第に現実化され、それと同時に人間知性・精神自体も現実に可知的な対象となって、自己認識が成立する、という風に説明できるであろう。

「形而上学《メタフイジカ》」（後《メタ》・自然学《フイジカ》）という書名が示しているように、形而上学が自然学の後で学ぶべき学問とされるのは、対象が「超《メタ》・自然学《フイジカ》」的であるという学習の難易度からくる順序であるにとどまらず、自然学は人間知性を「在るものである限りでの在るもの」を対象とする第一哲学である形而上学を適切に学びうる段階まで強めてくれる準備学であることに基づいているのである。

　形而上学の本来的な出発点である存在認識は自己認識において成立するものであり、その意味で第一哲学である形而上学の端初は自己認識である、という私がここで提示している立場は、アリストテレス・教父学・スコラ哲学の伝統に即したものではなく、むしろデカルト的ではないかという印象を与えるかもしれない。

しかし、おそらくこれは人間知性・精神の形而上学的な自己認識と、さきに言及した自己・精神の(「何である」かを未だ知らないままの)単なる現存の知覚とを混同したことによる誤解であろう。形而上学的な自己認識は人間知性・精神が精神の本質まで立ち帰ることで成立するものであって、例えばアリストテレスが『魂について』第三巻(431 b 21)で「魂は、ある意味で、存在するもののすべてである」という言葉で総括しているのがそれである。

形而上学の対象である「在るもので在る限りでの在るもの」については、自然学の対象である多様で可変的な存在から、それらを特殊化するすべての属性を捨象し、一般化する論理学的な抽象作用によって到達される最も単純な「存在」概念であるとの説がかつて広められたが、それは全くの誤解である。

第一哲学である形而上学は本性的に知ることを欲する人間が人間本性の完全な実現(幸福)をめざして行う知的探求なのであるから、それを適切に達成するためには人間本性についての真実の認識、つまり自己認識が必要不可欠である。その自己認識によって人間本性の実現という知的探求の目的が認識され、形而上学の対象についても正しい見通しが得られる。
それは内容空虚な「ここに・今」在るという事実的存在でもなければ、単なる措定(position)としての「ある」でもない。それはむしろ「ある意味で、存在するもののすべてである」ような存在であり、真の意味で「無限への可能性」であるような存在なのである。繰り返し言うが、そのような形而上学の対象は人間知性・精神が自分自身の本質まで完全に立ち帰る自己認識によって認識される。

## †超自然は形而上の事柄と同一視できるか

以上に述べたことにも劣らず重要な点は、自己認識から出発する形而上学が、経験から離れたところで成立する知的直観、あるいは経験に由来しない生得観念(idea innata)に基づく学知ではなく、経験に基づく、ということである。形而上学と経験は互いに相容れない反対・対立的なものではなく、むしろ経験をその成立根拠へ向かって「経験的」に理解する限り、われわれは必然的に形而上学に行きつかざるをえないのである。

私はここで「経験と形而上学は相互排除的ではなく、経験をその成立根拠へ向かって徹底的に追求する道は形而上学へ行きつく」という主張を説得的に解明することは試みない。いずれにせよ、この書物が関わっている課題から言って、このような形而上学についての見方が可能であることを示唆すればそれで十分であろう。

　ここで、さきに「超自然と形而上学」というテーマに関して私が提示した二つの問題の後者、すなわちカトリシズムが重要視する「超自然」はそもそも形而上学が対象とする「形而上」の事柄と同一視できるのか、という問題を取り上げよう。

　形而上学は自然学の「後で」学習すべき学問であるのみでなく、自然学が対象とする（人間にとって知りやすい）自然界の事物や現象を「超えて」それらの根本原理を知ろうとする限り「超《メタ》・自然学《フィジカ》」なのであり、その対象が超感覚的で超変化的であることから、超自然的と混同される可能性が生じてくる。また自然界の事物や現象の根本原理は神的であると考えられていたところから、形而上学は当初から「神学」（θεολογική, theologia）と呼ばれて来たので、理性のみによっては決して近づくことのできない超自然的な神とその業を取り扱う神学との関係が問題とならざるをえない。

　自然界を超えて知的探求を進める形而上学は超自然に何らかの仕方で関わるのか、それとも形而上学の対象は超感覚的で超変化的であっても、理性によって認識可能である限り、どこまでも「自然的」であって、超自然に関わることは絶対にありえないと言うべきか。この問題は理性と信仰の問題と深い関わりがあり、カトリシズムの本質を考える上で重要な意味があると思われる。

## †カトリシズムはその形而上学によって存続した

理性と信仰の問題については後で改めて述べるので、ここでは宗教としてのカトリシズムがその自己同一性と生命とを保持しつつ今日まで存続することができた背景には、「神学の婢女」(ancilla theologiae) と呼ばれる「信仰の奉仕へと高められた」哲学的な諸学問、とりわけ形而上学の寄与が重要な役割を果たした、ということを指摘するにとどめる。

私のこの言明は、ギリシア形而上学を中心とするヘレニズムとの接触に影響されてキリスト教は教義《ドグマ》の確立と護持に専念するようになり、福音の純粋さと活力を失って堕落を始めた、というアドルフ・フォン・ハルナック(一八五一〜一九三〇)の『キリスト教の本質』(一九〇〇年)によって有名となった「福音のヘレニズム化」というカトリシズム批判に親しんでいる読者にとっては極端な暴論と響くかもしれない。

しかし私はカトリシズムが重要視する超自然を秘教的・呪術的なものとして排除したり、あるいは啓示の神話的・隠喩的表現に過ぎないとはせず、神的啓示によってのみ知られ、信仰のみによって肯定される真理と認める限り(信仰のみによって肯定された超自然的真理を可能な限り理解しようとする)神学にとって形而上学が必要不可欠であったことは明白であると考える。

例えば形而上学は神が存在するという真理を理性の認識能力の限りを尽くして証明した上で、その神が「何である」か知りたいという人間の本性的欲求は理性のみによっては決して満たされないことを示すことを通じて、人間理性を超自然的真理の受容へと態勢づけるのである。つまり、形而上学は超自然を対象とする学ではなく、また自然を超自然へと結びつける媒介でもありえないが、人間理性による知的探求をその極限まで進めることを通じて、理性の限界を明らかに示す。

そして、そのことによって超自然的真理を対象とする神学への道を開く、と言うことができるであろう。言いかえると超自然的真理を信仰をもって肯定するところから出発する神学は、形而上学なしには人間理性が自力で推進する知的探求の全体から分離されてしまう。

それと同様に、宗教としてのカトリシズムは、形而上学なしには人間理性の働きによって開拓される人間文化の全体から分離されてしまい、人間文化の核心として自己同一性と生命を保持することが不可能となるであろう。カトリシズムが「超自然」を何よりも重要視する宗教でありながら、秘教的・呪術的な宗教に変質・堕落することなく、人間文化の核心として存続することができたのは形而上学の寄与によるところが大きい、と述べたのはそのような意味においてであった。

## 3　超自然と自然

### †「超自然は自然だ」

超自然と自然との関係についてのカトリシズムの立場は、一見、自己矛盾的と言いたいほど、逆説的《パラドクシカル》であるように思われる。トマス・アクィナス『神学大全』第二部の恩寵《おんちょう》に関する論考の次の命題はそのよい例であろう。「霊魂は自然本性的に恩寵を受容可能である」(naturaliter anima est gratiae capax)。

ここで「恩寵」と言われているのは罪人をその罪から解放して神の前に義《ただ》しい者とする神の救済の業であり、それは神のみが為しうる超自然の領域に属する。この箇所で問われているのは、この超自然的な神の業は奇跡であるか否かであるが、トマスは神に対する背《そむ》きである罪を滅ぼし、罪人を義《ただ》しい者たらしめる業は、無からの天地創造の業と同じく、神のみが為しうる驚歎と賛美に値する (mira) 業であり、その意味では奇跡 (miraculum) である、と言う。それは端的に「驚くべきもの」(mira) だからである。

しかし、右の命題のように、人間の霊魂は神のかたどりとして(ad imaginem Dei)造られたことからして、自然本性的に恩寵を受容しうるものだ、と理解した場合には、恩寵によって罪人が義《ただ》しい者たらしめられることは、確かに「驚くべきもの」ではあっても、人間の自然本性の受容の力を超えてはいない限りで「奇跡」ではない、とトマスは結論する。私がここで注目するのは、罪人を義《ただ》しい者たらしめる神の恩寵の業は奇跡なのか否かの問題ではなく、人間霊魂が超自然的である恩寵を受容しうるのは自然(本性的)だ、という極めて逆説的な考え方である。「逆説的」というのは、自らの自由意思で全能の神に背いた、つまり神の創造秩序の全体を否認した罪を完全に破壊・消滅させて、罪人を義《ただ》しい者たらしめるという、「(神のみが為しうる驚くべき)超自然は自然だ」と言っているからである。

この逆説が全くの自己矛盾、単なる不条理ではないこと、言いかえると理性を超えることであっても理性に反することではない、ということは、人間霊魂が神のかたどりとして創造された、という聖書の教えを信じることで納得できる、とトマスは言う。つまり、人間の自然本性はそれに固有の完全性だけでなく、恩寵という超自然的な完全性をも受容しうるほど、神との親密な交わりのうちに在るものとして創造されたのだ、というのである。

しかしこの説明で「超自然は自然だ」という逆説が理性に反するものではない、と一応は納得できても、自然の世界の事物や現象がその原因や法則がつきとめられることで説明がつくのとは全く違い、ある意味で神秘は深まるばかりである。神秘が深まるということは、「超自然」という言葉で言い表されていた神秘の核心により深く入るということであり、それは「恩寵（超自然）を受容しうる」という人間の自然本性のままに、恩寵をより豊かに受容するということである。

言いかえると、超自然と自然との関係は、われわれが超自然という神秘へとより奥深く入ってゆくとき、それが神秘であり、知りえないものであるとの感覚はいよいよ深まりつつ、恩寵（超自然）を受容しうるという人間の自然本性のゆえに、その神秘はわれわれにより自然なものとなり、そして（人間の自然本性と合致するがゆえに）「善」として受容される、という風に説明できるであろう。いずれにしても「この上なく驚くべきことが自然である」という逆説こそ、カトリシズムにおける超自然の本質に属すると言うべきであろう。

## †ベルナルドゥス『恩寵と自由意思について』

超自然と自然との関係を言い表す命題として最も知られているのは、トマス・アクィナスの「恩寵は自然を廃棄するものではなく、かえって自然を予想し、完成するものである」という言葉であろう。この言葉を恩寵は自然を廃棄しないのだからそこには両立・共存の関係があり、自然を予想し、完成すると言うのだから、この関係は恩寵という超自然は自然の上に位置して、自然の営みをより高次の仕方で実現し、完成するという二層関係だ、という意味に解する人が多いかもしれない。

しかし、超自然と自然を二層関係として理解するのは不正確であり、カントが信仰と知識を「信じることに場所を得させるために、知ることをやめなければならなかった」という言葉で関係づけているように、この二層関係を一方が領分を拡張すれば他方は縮小を迫られるという風に理解したならば、致命的な誤謬となろう。ところがこのような誤謬はキリスト教思想の歴史のなかでしばしば犯されたのであり、近代における恩寵と自由(意思)の関係をめぐる論争のなかで、「恩寵のみ」(sola gratia)の主張に対抗して自由意思の側にも相応の場所を確保しようとした様々な試みはその例に他ならない。

恩寵と自由意思、言いかえると超自然と自然との関係について、私が知る限りでは最も簡潔でわかりやすい説明を与えたのは、ダンテの『神曲』で、地獄から煉獄を経て天国へと遍歴を続けるダンテの最終の案内役として出現し、聖母マリアに取り次ぎを請い求めて、ダンテが生きながら三・一なる神を「顔と顔を合わせて」見ることによって至福を味わうことができるよう取りはからった、あのクレルヴォーのベルナルドゥス(一〇九〇〜一一五三）である。

ベルナルドゥスの立場は、アウグスティヌス（三五四〜四三〇）やカンタベリーのアンセルムス（一〇三三／三四〜一一〇九）が、自由意思と悪、自然と恩寵などの問題との格闘を通じて切り拓いた道をさらに推し進めたものである。このことは否定できない。しかし私自身の経験ではベルナルドゥスの『恩寵と自由意思について』を読んだ時、突然目の前に道が開かれた感じに打たれて、ここに超自然と自然の関係という問題を正しく理解するための鍵がある、と強く感じた。

### †救いと自由意思

ベルナルドゥスは本書の冒頭で、問題の全体を次の問いの形で簡潔に要約する。私が自らの救いを目指して歩む道において、神の恩寵が「私」に先行し、「私」を導き、「私」を完成するのであれば（そうであると「私」は悟り、感じ、また希望しているのであるが）、つまり私の救いは神（の恩寵）のみによる（a sola Deo）のであるなら、「私」はそこで何を為すのか？　この問いは、「私」が為すことは私の意思によって自由に為すのであるから、「救いの道において自由意思は何を為すのか？」と言いかえることができる。神（の恩寵）のみが私の救いの「作者」（auctor）であるなら、いったい「私」つまり私の自由意思の為すことが何か残っているのか？

この問いに対するベルナルドゥスの答えは「（救いの）全体が神の恩寵によって、（救いの）全体が自由意思において（totum ex illa〔gratia Dei〕, totum in illo〔liberum arbitrium〕）なされる」という簡潔なものである。

おそらくこの答えに接した人の多くが、いったいどうして救いの業の全体を同時に神の恩寵と人間の自由意思の二者に帰着させることができるのか、といぶかり、ベルナルドゥスの真意をはかりかねるのではなかろうか。救いの業の全体が神のみによるのであれば、私によることは何も残されていないのではないか。確かにベルナルドゥスは（救いの）全体が私（自由意思）「によって」とは言わず「において」と言っているが、exとinという二つの前置詞の違いだけで、人間の救いの業の全体が同時に神と私に帰着させられる、という矛盾を解消できるというのか、このように詰め寄る人が多いのではなかろうか。

この疑問に対するベルナルドゥスの答えは、救いは神のみによって（a sola Deo）なされるのであるが、それは私あるいはあなたにおいてなされる、つまり「私」あるいは「あなた」が救われるのであるから、そこでは「私」あるいは「あなた」とその自由意思が不可欠の役割を果たしている、というものである。

しかし、この答えでは救いの業の全体が「神による」ものであることは、人間の自由意思が救いの業から排除されることを必ずしも意味しない、ということは説明できても、救いの業の全体が、同時に神の恩寵と人間の自由意思に関係づけられることは説明できないのではないか。

そのことからの帰結として、救いの業の全体が神の恩寵による、つまり「恩寵のみ」による、という主張が崩れて、人間の自由意思の働きも救いの業において何らかの役割を分担するのだ、という（前述した）恩寵（超自然）と自由意思（自然）を二層関係として捉える可能性が生まれるのではないか。そして現実に「恩寵のみ」の主張と人間の自由意思も救いの業において何らかの役割を果たすという主張との論争が様々な形で、時としてキリスト教界の分裂にまで到る激しさをもって行われたのである。

## †神の恩寵と人間の自由意思の矛盾

ベルナルドゥス自身は、救いの全体が「私（自由意思）において」なされる、ということは、決して「救いの業の全体が神の恩寵によってなされる」ことを否定ないし排除するものではないことを示す。「私（自由意思）においてなされる」救いの業の全体も根源的には神の恩寵によってなされることだ、というのがその根拠である。ベルナルドゥスによると、自由意思は人間の霊魂が神のかたどりとしての高貴さ――自らを支配し・所有しうる者——をもって創造されたことに基づく「必然性からの自由」であり、これは人間の自然本性そのものに属するから決して滅びたり、損なわれたりすることはない。

しかし、人間の自然本性は原罪によって病み、傷つけられたので、自由意思もまた癒され、回復・完成される必要がある。それは神の恩寵によって為され、罪からの自由としての恩寵の自由、悲惨からの自由としての栄光（これは恩寵の完成である）の自由、という段階を経て達成される、とベルナルドゥスは説明する。

そして、彼が「救いの業の全体が自由意思においてなされる」と言うのはまさにこのことを指している。私が救われるのは神の恩寵のみによる、と言うとき、救われるのは私・人間であり、人間としてである限り、自由意思の働きがいささかでも排除され、否定されることは決してありえない。神の恩寵による救いの業の全体が私に「おいて」なされる、ということは救いの業の全体に「私」が関わっている、私の「自由意思の働きが含まれている」ということである。

どうして「救いの業」という同一の業の「全体」が同時に神の恩寵の業であり、私・人間の自由意思の業であることが可能か。この問題を自然の世界の内部で考える限り、それは明白な自己矛盾であり、不条理であろう。しかし、超自然と自然という関係において考えると、それはまさしくそうあるべきだと肯定され、受け容れられる。

神の恩寵が人間においてなす業は、その全体が神の恩寵の業であると同時に人間の自由意思の業である、というのは明白な矛盾を含むように思われ、確かに「驚くべきこと」であるが、それが肯定され、受け容れられるのはその「驚くべきこと」が「自然なこと」だからである。少し前に「この上なく驚くべきことが自然である」という逆説こそカトリシズムにおける超自然の本質に属する、という言い方をしたが、ここでこの逆説を成立させるのは最終的に言ってカトリックの信仰の根源であり究極の根拠である「神はわれわれ人間の救いのために人間と成り給うた」という受肉（托身）の神秘であることを指摘しておきたい。

　ところで受肉の神秘、すなわち「われわれの救い主イエス・キリストは真の神であり真の人間である」という信仰の真理は、「神は人間である」という明白な矛盾と見える主張にすぎないと思われるかもしれない。それを「神はその独《ひと》り子をお与えになったほどに世を愛された」という、自らを虚《むな》しくして、最高の仕方で自己を被造物にわかち与える神の限りない慈《いつく》しみ・善性の顕現として受けとめることを可能にするのがキリスト信仰である。

　この信仰の光が、「神は人間である」と主張する明白な矛盾と見えたのは、実は最高の知恵であり、限りない愛であるところの神の本性の顕現であると認めることを可能にする。いま「神の本性の顕現」と言ったが、ここ地上の生においては恩寵（超自然）の賜物《たまもの》である信仰の光をもってしても、人間が神の「何である」かを認識することは全く不可能であって、どこまでも「知られえないもの」にとどまる神に結びつけられるにすぎないことを注意しておく必要があろう。

そして、このキリスト信仰が、この後のいくつかの章で光をあてることを試みるカトリシズムの本質を理解するための鍵であることも次第に明らかになるであろう。

## 4　超自然の現存

### †超自然と天国

これまで宗教としてのカトリシズムの本質に属するものであると同時に、カトリシズムに近づく者が最初に感じとる顕著な特徴でもある「超自然」について述べてきた。おそらく読者の多くが何か摑みどころがないと感じ、できればカトリシズムの言う「超自然」なるものが現存する場に身を置いて、自ら判断を下したいと思われるかもしれない。ではそのような「超自然」が現存する場に現実に身を置くことは可能なのか。

われわれが使い慣れている言葉で「超自然」に最も近いのは「天国」である。「天国」は「現世」あるいは「地獄」の対極として、人間が死後に移り住むことを望む極楽、楽園といった漠然とした意味で用いられることが多い。しかし厳密な神学的意味は「神の恩寵によって救いを全うした者、すなわち顔と顔を合わせて神を見る至福なる者たちの交わり」であり、超自然そのものと言えよう。その天国が現存する場に現実に身を置くことができるのか、それがここでの問題である。

ところで、超自然の現存ないし実在は信仰のみによって（sola fide）肯定されることであって、感覚的な明証によって検証されたり、理性の推論によって必然的に論証されることはありえない。ではカトリシズムが重視する超自然としての「天国」の実在はわれわれの日常的な生活の領域から遠くかけ離れた世の終わり、あるいは来世のみに期待すべきことなのか、と言えば決してそうではない。われわれは望みさえすれば「超自然」としての「天国」が現存し、実在する「場」に容易に身を置くことができる。

そして、われわれはその「場」で自ら望むままに神秘的経験によって「超自然」の現存・実在を確認することはできないが、初代教会以来の卓越した神学者たちの一致した見解、キリスト自身から使徒たちを通じて委ねられた教導職の権威をもって教える教会指導者たちの教えに基づいて、「超自然」が確かに現存し、実在すること、そこが「地上の天国」であることを確信できるのである。

## †ミサは地上の天国

「地上の天国」という名称は、宗教的狂信にとりつかれている者の口にのぼる合言葉のように響くかもしれない。だが実は、ここで語ろうとしている「超自然」の現存ないし実在の「場」を言い表すのに極めてふさわしい言葉と言える。それはカトリック教会で行われている典礼・祭儀、とりわけ聖体の秘跡の執行を中心に行われる典礼・ミサを指すのにふさわしい。ミサが地上の天国とは、と驚かれる人は第二バチカン公会議公文書の冒頭に位置する『典礼憲章』第一章「地上の典礼と天上の典礼」の次の一節を読んでいただきたい。

「地上の典礼において、われわれは天上の典礼を前もって味わってこれに参加している。天上の典礼は旅するわれわれが目指す聖なる都エルサレムにおいてささげられており、そこにはキリストが、聖所と真の幕屋の奉仕者として神の右に坐しておられる（『黙示録』21・2）。われわれは天のあらゆる軍勢とともに主に栄光の賛歌を歌い、聖人たちの記念を尊び、彼らの交わりに与《あずか》ることを望み、われわれのいのちであるキリストが現れ、われわれもキリストとともに栄光のうちに現れるときまで、救い主、われわれの主イエス・キリストを待ち望むのである。」

ここで「地上の天国」という言葉は使われていないが「聖なる都エルサレムでささげられている天上の典礼」は『ヨハネの黙示録』のクライマックスである「新しい天と新しい地」で「天のあらゆる軍勢が歌う栄光の賛歌」であり、天国そのものにほかならない。そしてわれわれがここ地上で教会の典礼に与るとき、われわれは天上の典礼に参加している、と『典礼憲章』は宣言する。

『典礼憲章』(一九六三年)のほぼ三十年後に発表された『カトリック教会のカテキズム』(一九九二年)は教会の典礼が天上の典礼への参加であることについてより明白に述べている。「典礼は全キリスト(totus Christus)の行為(actio)です。現在典礼を挙行している人々は、しるしを超えて、すでに天上の典礼に加わっています。その典礼は完全な交わり(communio)であり祝祭(festum)です。教会の典礼で読まれるヨハネの黙示録は、まず、天に設けられた玉座と、その玉座の上に坐っておられるかた、《主》を示します」。

次に《ほふられたように立っている小羊》を示します。十字架につけられて復活されたキリスト、真の聖所の唯一の大祭司、《ささげ、ささげられ、与え、与えられる》方です。最後に黙示録は《神と小羊の玉座から流れ出る……いのちの水の川》を示します。それは聖霊のもっとも美しい象徴の一つです。キリストにおいて《一つにまとめられた者》は、神への賛美の奉仕とその計画の実現とに協力します。……わたしたちが諸秘跡の中で救いの神秘の祭儀を行うとき、聖霊と教会はわたしたちをこの天上の永遠の典礼に参加させてくれるのです（一一三六～一一三九）。

ここ地上で行われる教会の典礼は単に天上の典礼や祝祭――それは「天国」そのものである――のしるし・象徴にとどまるのではなく、現実に天上の祝祭への参加である、と『カテキズム』は強調している。もう一つ『カテキズム』がここで教えていることで注目に値するのは、新約聖書を読む人の多くが驚きと戸惑いの感にとりつかれる『ヨハネの黙示録』は、教会が行う様々な典礼祭儀が、かの『黙示録』に記されている天上の永遠の典礼への参加であることをあらためてわれわれに悟らせてくれるものであり、またそのことを悟ることによってわれわれは『黙示録』はいかに読むべきであるかを学ぶことができる、と示唆していることであろう。

これら二つの教会の公式文書が述べていることは、カトリック教会がその長い歴史のなかで一貫して教えてきたことであり、「天上の永遠の典礼」という「超自然」が、われわれの周《まわ》りで現在行われている教会の典礼、とりわけ感謝の祭儀（ミサ）において現存し、実在していることを、われわれはこの教えに基づいて確信することができるのである。

## †超自然的逆説としてのミサ

さきに述べたように、「超自然」の現存・実在は「信仰のみによって」肯定されることであり、教会の典礼・祭儀においてわれわれは天上の永遠の典礼に、単にしるし・象徴としてでなく、現実に参加している。といっても、われわれはそこで三位一体なる神を「顔と顔を合わせて見る」のではない。それは「恩寵（超自然）の啓示をもってしてもわれわれはこの世の生においては神の《何であるか》を認識するには至らず、《知られざるもの》にとどまるままの神に結ばれるにとどまる」ということにほかならない。

私がこのことを繰り返し指摘するのは、「地上の天国」という表現が生きたまま天国へと運ばれ、天使たちに伍して神を賛美し、至福なる者たちとともに「小羊の祝宴」に与ることを意味するかのような熱狂や幻想を呼び起こすことのないためであり、「地上の天国」という表現そのものに神学的問題があるのではない。

私が神学のコンテクストで「地上の天国」という言葉を初めて目にしたのは、S・ハーン『小羊の祝宴——地上の天国としてのミサ』においてであった。プロテスタント牧師として長年聖書に親しみ、聖書学の研究者としても成果をあげてきたハーンにとって、聖書全体の総括とも言える『ヨハネの黙示録』の研究は困難と挫折に満ちたものであったという。

ところがある日、たまたまミサが行われていたチャペルに足を踏み入れ、そこで進行している典礼の意味に興味を覚えた著者は、やがてこの典礼と『黙示録』との間の密接な結びつきと照応とに気づき、彼の長年の疑問は一挙に解決された。『黙示録』という預言の書はいかに読むべきか、そしてミサとはこの預言の書が告げる「新しい天と地における天使たちと救われた者による神の賛美」、すなわち「地上の天国」に他ならないこと、それを突然悟ったと言うのである。

「ミサは地上の天国」という表現は、おそらく多くのカトリック信者にとってさえ耳慣れないものであり、むしろ奇異な感じを与えるかもしれない。しかしさきに引用した『典礼憲章』と『カトリック教会のカテキズム』の中の、教会の典礼・祭儀は天上の永遠の典礼への参加である、という説明はそうした印象を一掃してくれるに違いない。

さらに「典礼は全キリスト（totus Christus）の行為です」という『カテキズムの言葉』はとりわけ聖体の秘跡を中心とする典礼・祭儀であるミサにあてはまる。というのも、ミサにおいては人となった神である救い主イエス・キリストが自分自身を犠牲《いけにえ》として献げ、そして犠牲《いけにえ》であるキリストの体——血と肉——が永遠の生命《いのち》の食物としてすべての者にわかち与え《コムニオ》られるからである。つまりミサはキリストの神性と人間性、霊魂と身体のすべてを含む全キリストによって行われる典礼であり、文字通り「小羊の祝宴」、天上の典礼であり、その意味で「地上の天国」なのである。

「地上の天国」であるミサがカトリシズムの言う「超自然」の現存・実在に触れる――あるいはむしろ「触れられる」――のに最もふさわしい機会であるのは、さきに繰り返し強調した「最も驚くべき不可思議なことでありながら最も自然で親密な現実」という超自然の逆説的特徴を顕著にそなえているからである。司祭が唱えるキリストの言葉によって、祭壇の上のパンとぶどう酒が、外見はそのままにキリストの身体《からだ》と血になることは、存在の全体を無から造りだす神的創造と同じく、最も驚くべき不可思議なことでありながら、茶室における点茶にも似た、最も自然で親密な現実として生起する。

このような超自然に不可避的にともなう逆説は、カトリシズムの本質と深く関わる特質であり、この後、様々な観点からその意味を探ってゆくことにしたい。

第三章

# 信仰と理性

## 1 「信仰」とは何か

### †信仰と真理の結びつき

「信仰」は「宗教」と名のつくものには必ずともなうもので「宗教的な人」と「敬虔な人」、そして「信仰のある人」はほとんど同じ意味で語られることが多い。そして一般に何を信仰するのかということよりは信仰によって得られる望ましい結果――現世利益《げんせりやく》にとどまらず、魂の安らぎや悦びも含めて――に重点を置く傾向が見られる。要するに、ごく一般的で漠然とした意味では、「信仰」とは宗教に関わりのある人の心のうちに見出されるある共通の要素を指す、と言えよう。

ところで、このような「信仰」の一般的な意味を想定した上でカトリシズムの「信仰」観に目を向けると、それが普通に人々が「信仰」という言葉で理解しているものとは極端と言えるほどへだたったところに重点を置いているのに驚かされる。というのも、カトリシズムにおいては信仰と真理の結びつきが何よりも重視されているからである。イエス・

キリストはこの世の権力の代表者とも言えるローマ総督ピラトに対して「わたしは真理について証しをするために生まれ、そのためにこの世に来た」と宣言する。

となると、キリストを信じ、キリストに従って生きる者が何より重視すべきは真理だ、ということではないか。キリストはまた「わたしは道であり、真理であり、命《いのち》である」と宣言した。これはイエスのもとへ行く道について尋ねた弟子トマスに対する答えであるから、その意味は「お前が尋ねる道とはわたし自身で、わたしは真理であり、わたしを信じる者は（永遠の）命《いのち》を得る」というものであろう。ここでもわれわれが信じるべきイエス・キリストは真理（そのもの）である、と宣言されている。

キリストはまた自分を信じたユダヤ人に対して「あなたたちは真理を知り、真理はあなたたちを自由にする」と語った。つまり、信じる者は信仰によって真理を知る者となり、その真理が信じる者に自由をもたらす、というのである。ここでいう自由は人間に本性的に具《そな》わっている選択の能力としての自由や外的な隷属からの自由ではなく、むしろ罪からの自由・解放であり、神の前に義とされることである。そうすると、使徒パウロが「キリストを信じる者は信仰によって義とされる」というのは「真理そのものであるキリストが義としてくださる」ということであり、信仰と真理との内的な結びつきがこの上なく強調される。カトリシズムの「信仰」観の顕著な特徴である信仰と真理の結びつきの根底にあるのはこのような「キリスト信仰」なのである。

いま私は聖書からイエス・キリストの言葉を引用し、「キリスト信仰」という表現を使った。ではキリスト信者の間では「信仰」と「真理」との結びつきは当然のこととして認められていると言えるのか。

実はそうではないと言わざるをえない。アウグスティヌス『告白』の冒頭に出てくる「あなた（神）は私たちを、御自身にむけてお造りになりました。ですから私たちの心は、あなたのうちに憩《いこ》うまで、安らぎを得ることができないのです」という一節は、よく引用され、多くの人々に親しまれている。しかし、この「安らぎ」という言葉のうちにその不可欠の要素である「真理」という意味を読みとる人がどれだけいるだろうか。むしろ心の「安らぎ」は真理への憧れとか知的な探求とはまったく別のものだと考える人が多いのではないか。そして一般に信仰と結びつくのはそうした心の「安らぎ」であって、真理や知的な探求ではないのである。

## †ニーチェの言葉――信仰と真理の峻別

十九世紀後半のドイツの思想家で、二十世紀の歴史に対して様々な仕方で大きな影響を与えたとされるニーチェが、若き日に妹エリーザベトに与えた信仰と探求のいずれを選ぶかをめぐる忠告は、この時代のヨーロッパの卓越した知識人の「信仰」観を示すものとして極めて興味深い。彼は妹をこう励ます。「危険を冒しなさい。独り立ちでふらふらしながら新しい道を進んでゆきなさい。……ここで人間の歩む道は分かれるのだ。おまえがもし魂の安らぎと幸福を得ようと努めるのなら、信仰をもつがいい。もし真理の使徒であろうとするのなら探究するがいい」。

これほどまで信仰と真理（の探究）を明確かつ徹底的に峻別する者は稀かもしれない。しかし、このニーチェの言葉は信仰と理性、神学と哲学の分離を根本的な前提とする近代思想の適確な表現であり、近代思想の影響下にある知識人が共有している「信仰」観を鮮明に言いあらわしていると言えるであろう。これに対してカトリシズムの「信仰」観は信仰と真理、したがってまた信仰と知的な探求との結びつきの重視を本質的特徴とするものであり、この章の標題を「信仰と理性」としたのもそのことを読者に強く印象づけるためであった。

### †信仰は恩寵の賜物

聖書のなかに信仰の定義（信仰の模範ならアブラハム、モーセを始め、いくらでも挙げることが可能だが）を探すことは諦めざるをえないが、カトリックの「信仰」観のよりどころとして最も適当な箇所を問われるなら、私は『ヘブライ人への書翰』第十一章の冒頭の一節「信仰とは何か？　それは私たちの希望によりどころを与え、私たちが見ることのできない事物について確証を与えてくれるものである」を挙げることを躊躇《ちゅうちょ》しない。というのも、この箇潔な言葉はキリスト信者の「信じる」という行為の根本的特徴を明らかにするとともに、信仰が神の超自然的な恩寵の賜物であることを示唆しているからである。

ここで引用した聖書の言葉が「信じる」という行為の根本的な構造ないし特徴を明らかにしているということは、次のように説明できるであろう。「信じる」という行為は、これまで信仰と知的な探求ないし真理との内的な結びつきについて述べてきたことから明らかなように人間理性ないし知性の行為であるが、それの関わる対象が「私たちが見ることのできない事物」であることから直ちに推察されるように、理性ないし知性のみによって遂行される行為ではない。それは「意志の命令によって一つのことへと確定された知性（理性）の行為」なのである。

**†知性と意志**

したがって「信じる」という行為には知性と意志という二つの能力が、それぞれの固有の対象に関わる行為が不可欠の要素として含まれているが、右の聖書の言葉はそのことを簡潔に言い表しているのである。

まず「私たちが見ることのできない事物」という言葉は、「信じる」という行為においてて知性がその固有の対象に関わる働きを適切に指している。「見る」とは明らかに認識の働きであり、知性が「信じる」という行為の対象である「信じるべき事柄」に関わる働きである。そして「見ることができない」というのはそれら「信じるべき事柄」が人間理性の認識能力を超え出る第一の真理である神の観点から認識されるべきことを示している。このような神的な事柄を対象とする人間理性の知的探求の歩みは覚束《おぼつか》なく、動揺を免れることができない。

そこでこの思考の動揺を静めて一つのことへ確定するのが意志であるが、そのことが可能であるのは意志の固有の対象は最終的には特殊な善を超えて、最高善としての神であることである。つまり、最高善であり、人間の究極目的である神は信仰にとっては対象であるとともに目的でもあるが、人間理性にとっては固有の対象というよりは、最終的に目指すべき目的なのである。したがって、人間を超え出る神的な事柄に関しては、理性（知性）を超えて先に進むとされる意志は、その対象である究極目的へと確実に秩序づけられている限り、同じ目的を目指しつつも思考の動揺に悩まされる理性を支え、確定することができるのである。

そして「私たちの希望によりどころを与え」という聖書の言葉が意味しているのはまさにそのことにほかならない。というのは、「希望」とはもともと到達困難な善を願望する情念を意味する言葉であるが、ここでは到達不可能とも思われる究極目的・善をどこまでも欲求する意志の働きを指している。そしてその意志が（信仰からよりどころを与えられることによって）究極目的である神へと堅固に秩序づけられることを通じて、理性の探求がゆるぎなく進められることを可能ならしめるのである。

この聖書の言葉が、信仰は神の超自然的な恩寵の賜物であることを示唆している、ということは右に述べたことからすでに明らかであろう。人間は「見ることのできない」、つまり自らの生まれながらの固有の能力によっては知りえない事柄を探求してやまないということは、人間の究極目的である最高善は、人間が自然本性的にそれを欲求するにもかかわらず、自らの自然本性に具《そな》わっている能力をもってしては到達できないということである。

希望についても同じことが言えるのであって、人間が希望してやまない到達困難な善とは、人間の自然本性的な能力によっては到達不可能な完全な善、あれこれの特殊的な限定された善ではなく、善そのものなのである。信仰はこのような、人間が自然本性的に欲求するものでありながら自然本性的な能力によっては到達できない、という極めて逆説的な仕方でそれへと秩序づけられている究極目的、それへの到達を可能にする神の超自然的な恩寵の賜物、その発端である、というのがカトリックの「信仰」観にほかならない。

「発端」というのは、人間の究極目的への到達、すなわち至福とは、人間が「神の本性に与《あずか》る」者となって「(神を)顔と顔を合わせて見る」こと、すなわち永遠の生命そのものであるが、信仰とはまさしく「われわれの精神のうちにおける永遠の生命の始まり」にほかならないからである。

## 2 信仰――賜物、そして徳

### †信仰は神に注ぎ入れられた徳

「信仰」の本質・中核を一言で言いあらわす最善の表現は「永遠の生命の始まり」であるとしたら、それが神の超自然的な恩寵の賜物であることは明白である。ところがカトリックの「信仰」観のもう一つの顕著な特徴は信仰を人間の卓越性を意味する「徳」という言葉で呼ぶところに認められる。もちろん「徳」といっても正義とか剛毅(勇気)のような倫理徳、あるいは知恵や知慮（賢慮）のような知的な徳のように、人間が生まれながらの能力（可能性）を自由かつ適切に行使することを通じて獲得する善い習慣（habitus）としての徳ではない。

むしろさきに述べたように、信仰は人間に生まれながらに具わっている能力では到達できない究極目的、それに誰もが到達できるようにと神が授けてくださる恩寵の賜物なのであるが、それをいわば神の恩寵によって注ぎ入れられる徳――「注入徳」（virtus infusa）、「対神徳」（virtus theologica）とも呼ばれる――と解するのである。

問題は、信仰は人間が自由で適切な行為の積み重ねを通じて身につけた獲得的な徳――それが「徳」の一般的な意味である――ではなく、神の恩寵によって注ぎ入れられた注入徳である、という説明を付加した場合でも、そもそも恩寵の賜物である信仰に「徳」という概念があてはまるか否か、である。

徳とは、その古典的な意味では、右に述べたように、人間が（当初は不完全な状態にあった）能力を、自由で適切な行為の積み重ねという人間的努力を通じて完成した善い習慣、つまり人間の内在的な卓越性を指す。

これに対して、信仰は神の恩寵の賜物である限り、人間的努力とか人間の内在的卓越性といったものとは無関係に、徹底した自己否定の態度、「うち砕かれた心」をもって受け入れるべきものではないのか。罪人《つみびと》である人間が神の前に義《ただ》しい者とされ、神と和解せしめられるのは信仰によるとされるが、己れの努力の積み重ねによって自己を卓越した者たらしめようとする習慣や徳が、どうして神によみされるいけにえと見なされ、神の前に人間を義しい者たらしめることができようか。恩寵の賜物である信仰が「徳」の概念にふくまれる可能性は全く見出されない、と言うべきではないのか。

その通り、と答える人が圧倒的に多いと思われる。人間の内在的卓越性である徳と、神の超自然的な恩寵の賜物との間には無限の落差がある。この二者は両立不可能であり、相互に排除し合うものであって、それらが連続的あるいは相互に補完的であるとは考えられない。まして、それらを「徳」という一つの言葉で言い表すことは明白に不可能である、というのがわれわれの間での常識と言えるのではないか。

## †信仰は真実の徳

これに対して、私は人間の内在的卓越性としての徳と恩寵の賜物とは相互排除的であるとする見解が「常識」と言えるほどわれわれの間で優勢であることを認めた上で、それが果たしてこの二者の間の関係についての真実の理解であるか否かを敢えて問いたい。確かに、もともと人間の自然本性との関連において成立した徳の概念を、恩寵、つまり神的本性への参与（神化 deificatio）を意味するところまで拡大することは、徳の概念の著しい発展ないし変容であることは疑う余地がない。

ところでこの変容はキリスト教思想の長い歴史の中で、古代の教父学の時代から中世のスコラ学の時代に及ぶ神学的人間論の形成の中で次第に準備されたものであった。そしてこの神学的人間論の基本的な命題の一つが、「人間は自らに固有の自然本性的な能力によっては到達できない究極目的――神の本質の直観、すなわち永遠の生命――へと《自然本性的に》秩序づけられている」という前述の逆説的な命題だったのである。

この逆説的な――超自然と自然との間の無限の落差を無視するかに見える――命題は、逆説的であり、極度に驚くべきことを自然なことと受けとめることであるが、それが決して不条理・反理性的ではないことは前章で説明した通りである。このように見てくると、もともと人間の自然本性との関連において成立した徳の概念を、神の恩寵の賜物である信仰に適用することは極度の逆説を含む「徳」概念の変容ではあるが、必ずしも相互に排除的な二つのものを一つの概念に包括する不条理ではないことが明らかにされた、と言えるのではなかろうか。

右の問題はさきに「超自然と自然」の関係について考察したことと重なるものであって、その際に言及したベルナルドゥスの立場をここでの問題に原則的に適用できるであろう。

つまり神の救いの業の全体が恩寵（超自然）であることは、救われるのが人間であり、「人間として」救われるのである限り、人間の自由意思の働き（自然）を排除するものではない。そのように信仰の全体が神の恩寵の賜物であることは、その賜物によって信じる人間が究極目的へと確実に到達するように支えられ、導かれる限り、信仰が徳であることを排除するどころか、まさしく徳であることを明示するのである。

なぜなら、人間の内在的卓越性である徳（virtus）とは、それを所有する者を善き者たらしめる「ちから」（vitus）であると言われるが、それは何よりも人間をその真実の究極目的へと確実に導き、到達させる「ちから」だからである。さきに「己れの努力の積み重ねによって自己を卓越した者たらしめようとする習慣や徳」という言い方をしたが、人間の真の卓越性とは最高善であり、善そのものである究極目的・神に到達することによって自らの自然本性を完全に実現・完成することである。

そして、われわれは恩寵の賜物である信仰に支えられ、導かれることによって最も確実に究極目的に到達するのであるから、「永遠の生命の端緒」と呼ばれる信仰は「徳」の概念を排除するものではないどころか、それこそ第一・真実の徳であることが明らかである、と言うべきであろう。

## 3 信仰・希望・愛

### †信・望・愛の三幅対

「われわれの精神のうちにおける永遠の生命の始まり」であり、神の恩寵の賜物である信仰は、人間をその究極目的へと確実にたどりつかせてくれる道である限り、真実の徳である、というのがカトリシズムの「信仰」観であるが、この「信仰」観の正しい理解のためには次の説明を付け加える必要がある。信仰が真実の徳であるならそれを有する者を善き者たらしめるはずであるが、必ずしもそうならない場合があるのではないか。『ヤコブの書翰』第二章(第十九節)「悪霊どももそう信じて、おののいています」によると、罪によって恩寵を喪失した天使たちも信仰を有しているが、それは彼らを神に結びつける、善き者たらしめる信仰ではなく、明らかに徳ではない。では徳ではない信仰と徳である信仰とはどのように区別されるのか。

ここでわれわれは、これまで真理や知的探求との結びつきに注目してきたカトリシズムの「信仰」観のもう一つの特徴に目を向ける必要がある。それはカトリシズムの「信仰」理解においては、信仰はそれだけで孤立しているのではなく、常に希望および愛と結びついており、そのような結びつきにおいてのみ真実の、完全な信仰が見出される、ということである。

パウロは繰り返し信・望・愛の三幅対に言及するが、最も有名なのは『コリント人への第一の書翰』（第十三節）の「それゆえ、信仰と、希望と、愛、この三つはいつまでも残る。その中で最も大いなるものは、愛である」であろう。パウロはこの箇所に先立ってコリントの信徒たちに「最高の道を教える」と前置きして、「たとえ（わたしが）山を動かすほどの完全な信仰を持っていようとも、愛がなければ、無に等しい」と述べて、信仰の光がわれわれを照らして、神へと確実に導きうるのも愛があればこそのことであることを明らかにしている。

## †愛を欠いた信仰は不完全な信仰

カトリシズムの「信仰」観においては信仰は常に希望や愛との内的な結びつきで理解されていることは、『ヘブライ人への書翰』に出てくる信仰の「定義」に言及した時から、繰り返し指摘してきた。「信じる」という行為について言えば、その対象は（理性のみによっては到達することのできない）第一の真理としての神であるから、「信じる」のは確かに人間理性である。

しかし、理性のみでは神の言葉に耳を傾けて様々に思いめぐらしても、事柄が理性を超えるものであるから信じる行為へとふみきることは困難である。この思いめぐらしの困難な歩み、思考の動揺を確定して信じることを可能にするのは、第一の真理である神は最高善・善そのもの、すなわち人間の究極目的であることが認識されて、意志がそのように明確に示された自らの目的を確実に、しかも理性の認識を超えて、欲求し始めることによってである。

つまり最高善・究極目的である神を欲求する意志の影響の下に、その神を「真理の相の下に」探求する人間理性の思いめぐらし・思考の動揺が確定され、承認（assensio）がくだされることで信じるという行為が成立する。前に説明したように、信じる行為は人間理性を超える神秘である第一真理を対象とする理性ないし知性の行為であるが、それが成立するのは意志が与える確定に基づいて理性が承認をくだすことによってなのである。

さきに「真実の、完全な信仰」という表現を用いたが、それは右に述べた信じる行為を完全な仕方で遂行させる内的な根源、すなわち徳としての信仰にほかならない。カトリシズムの「信仰」観は徳としての信仰、「完全な信仰」（fides formata）を「生ける信仰」と呼び、悪霊たちも有している徳ではない「不完全な信仰」を「死せる信仰」と呼ぶが、それは信仰がその目的である人間の真実の究極目的である最高善としての神に確実に秩序づけられているか否かに基づく区別である。

ところで『ヤコブの書翰』第二章（第十七節）に「行いを伴わない信仰は死んだものである」と言われているのをよりどころに、信仰が信仰であるためには行為が伴わなければならない」と主張する立場と、パウロが『ローマ人への書翰』で人が神の前に義《ただ》しい者とされるのは律法に定められた行いとはかかわりなく、信仰によることを強調したのをよりどころに、信仰を行為から切り離して「信仰のみ」と主張する立場とが激しく論争したことがあった。いまこの論争に立ち入っていずれの立場が是であるかを論ずるつもりはなく、またその価値があるとも思わない。なぜなら、問題は双方が信仰と呼んでいるものが真実の、完全な信仰であるか否か、そして何が信仰を「生ける信仰」あるいは「死せる信仰」たらしめるか、だからである。

ところで、信仰を「生ける」信仰たらしめるのは、信仰に従って歩む者を永遠の生命である神に確実に結びつけ、神と親密に合一させてくれる愛《アガペ》（徳）のほかにはない。ここからして、カトリシズムの「信仰」観は愛《アガペ》こそ信仰を真実の、完全な信仰（fides formata）たらしめる形相（forma）であり、愛《アガペ》を欠いた信仰は形相なき・不完全な信仰（fides informis) である、と一貫して主張してきたのであった。言いかえれば、信仰に伴うとされる行いは、信仰を徳たらしめ、完全な信仰たらしめる形相である愛《アガペ》を根源とするものであり、愛《アガペ》を欠いた行為は、たとえそれが賞賛すべき道徳的行為であるように見えても真実に徳の行為ではありえないのである。

したがって、信仰を真実の、生ける信仰たらしめる愛《アガペ》の現存もしくは欠如こそ問題なのであって、行いの必要性と「信仰のみ」の対立は偽《いつわり》の問題に過ぎなかったのである。

### †愛は根本的に信仰と希望を必要とする

さきにパウロの「信仰、希望、愛の三つはいつまでも残る。その中で最も大いなるものは愛である」という言葉を引用したが、これまでの説明は「その中で最も大いなるものは愛である」と言われている意味の解説であったと言えるであろう。

それを要約すると、人間の自然本性に対応する目的ではなく、超自然的な究極目的へと人間を秩序づける対神徳として、信仰、希望、愛という三つの徳の目的は同じ、つまり自らの至福、すなわち永遠の生命を人間に与え、自らと共有してくださる神である。違いは信仰と希望という徳が直接に関わる対象は、第一の真理である神によって啓示された信ずべき事柄、および神から与えられる永遠の至福であるのに対して、愛という対神徳の対象は直接的に神自身である、というところに見出される。言いかえると、信仰と希望という二つの対神徳にとっては、それらが直接に関わっている対象の先にある目的が、愛《アガペ》にとっては直接に関わる対象なのである。

この違いを頭に置くとき、徳が徳としての完全性を実現するのは各々の徳がめざす目的に到達することをもってであるから、信仰や希望が愛によって形相を与えられ、徳としての完全性を獲得すると先に述べたことの意味がより明らかになると思われる。実に愛《アガペ》はすべての徳が目的としてめざす最高善であり、至福そのものである神を直接の対象とする徳である限り、すべての徳を真実の徳たらしめる形相であって、そのことによってすべての徳の母であり、根源である、と言われるのである。

これまで述べてきたことで、信・希望・愛の三つの中で愛が最大であり、愛なくしては信仰と希望はありえない――愛によってのみそれらは真実の、完全な徳となる限りにおいて――ということは明らかにされたと言えよう。問題はその逆、愛は信仰や希望なしにありうるのか、ということである。

この問題に関してはおそらく「ありうる」という肯定の立場をとる者が多いのではなかろうか。パウロは「信仰、希望、愛はいつまでも残る」と言ったが、至福に到達した人間は愛《アガペ》の交わりにおいて、あたかも最も親しい友と友のように神と合一するのであるから、性に与《あずか》るのは、神が自らの至福、すなわち永遠の生命を友が友に対するように人間にわかち与えてくださることによってであり、それは当初から愛《アガペ》の交わりにおいてである。たとえ、ここ地上の生においては、愛は信仰の光、希望の励ましによって扶助される必要があるとはいえ、愛が完成されるのにともなって、そのような扶助の必要はなくなるのではないか。したがって、それ自体として見れば、愛《アガペ》は信仰や希望なしにもありうるのではないか。……このように考える人が多いのではないだろうか。

これに対して、カトリシズムは愛《アガペ》（ラテン語ではcaritas）を、神が人間を御自身の永遠の生命を共有することに基づく友としてくださった、という聖書の教えに照らして、単なる神の愛ではなく、神を友として愛し返す友愛である、と一貫して教えてきた。愛《アガペ》は根本的に神と人間との友愛であり、友としての交わりである。この神との友愛の交わりを、地上の生における親しい友との交わりのように経験するとか、実感する、といったことは私には言う資格がない。確かなのは、この神との友愛の交わりを、現実の親しい友との交わりと同じく、真実に在るもの、真正の実在《リアリティー》として信じないところには愛《アガペ》はない、ということである。また同じようにそのような神との友愛の交わりなどありえないとして絶望するところにも愛《アガペ》はありえない。ということは、愛は根本的に信仰と希望を必要とする、ということではないか。

確かに信仰は完全に把握する（comprehendere）という仕方で対象を知る前の不完全な知を指すことがある。また希望もこの私の救い、私に至福を授けてくださる神への愛、救いと至福への道で私を支え、力づけてくださる神への愛、という愛《アガペ》の不完全な、自己中心的な要素が残っている段階を指すことがある。そのような不完全な欠如的な意味での信仰や希望は愛《アガペ》にとって必要がない、と言えるであろう。しかし、有限で、極めて不完全な霊的被造物である人間における愛《アガペ》の徳は、信仰と希望という二つの徳なしにはありえない、というのがカトリシズムの「愛《アガペ》」理解の特徴である、と言えるのではなかろうか。

### †愛は完成していくべき徳

信仰や希望が完全な意味での徳となるのは愛《アガペ》によって完成される限りにおいてであるというのに、その愛《アガペ》が信仰や希望なしにはありえないと主張するのは明白な矛盾と思われるかもしれない。

しかしその場合、われわれは愛《アガペ》を偶像化した上で、それを何らかの仕方で自ら所有しうるかのような誤解をしているのではないだろうか。「神は愛《アガペ》である」は真理であるが「愛は神である」は愛の偶像化と見るべきであろう。われわれに神の恩寵の賜物として授けられる愛《アガペ》の徳は、愛《アガペ》である神との愛の交わりのなかでわれわれの生涯を通じて形成し、完成してゆくべき徳である。そしてそのような完全な愛《アガペ》の徳を目指すわれわれの歩みにおいて、信仰と希望はなくてはならない導きであり、支えである、というのがカトリシズムの立場であると言えよう。

この章の初めで「信仰」という言葉はほとんど宗教に関心を持つ人間の心情と同じ意味で語られている、と述べたが、これまでの考察で「宗教《レリギオ》」という言葉はその本来の意味が「神に対する人の道」であることから、それを「信仰・希望・愛」という言葉で置きかえるのがカトリシズムの「宗教《レリギオ》」観であることが示されたと思う。

かつてアウグスティヌスは親しい友人のラウレンティウスに、常に座右に置いて真の宗教《レリギオ》を学び、実践してゆくための手引書《エンキリディオン》の著作を依頼されたのに応《こた》えて『信仰、希望、愛』を書き送った。通常、「人の道」、すなわち人倫、道徳と言えば、人と人との間柄に関してわれわれが人間として歩むべき道を意味するが、カトリシズムは「人の道」の中で第一かつ最も大事なのは万物の創り主、善そのものであってわれわれ人間の究極目的である神に対する人の道である、と教えてきた。

おそらく「宗教《レリギオ》」は「神に対する人の道」であるという理解は、キリスト教に限らず、例えば古代ローマの哲学者キケロにも見られるものであり、「神」を万物の根源、ないし最高の普遍的な理法《ロゴス》といった広い意味に解した場合には、仏教や儒教も含めて、多くの宗教にとっても妥当なものとして認められるであろう。カトリシズムが真の「宗教《レリギオ》」は信仰、希望、愛という、神の恩寵によって授けられた徳であると主張するのは、「恵みと憐れみに満ち怒るにおそく慈しみ深い」神は「われわれ人間を救うために人となり給うた」という「キリスト信仰」に基づくものである。

さきにカトリシズムの「信仰」観の顕著な特徴である信仰と真理の結びつきの根底にあるのは「キリスト信仰」であると述べたが、信仰・希望・愛についてのカトリック的見解を理解するためには「キリスト信仰」に遡る必要があることをあらためて指摘しておきたい。

## 4 信仰と理性

### †知的探求には信仰の光が必要

さきに一言触れたように、われわれが二十一世紀の今日なおその影響力の圏内にある近代思想は、信仰と理性の分離を根本的に前提するものである。それに対して、カトリシズムの「信仰」観は信仰と真理との結びつきを根本的に重視する。本章の表題を「信仰」としないで「信仰と理性」にしたのはそれを強調するためだった。

したがってここでも信仰と理性との出会いと総合、そしてそれらの分離を歴史的に詳しく振り返ったり、あるいはそれら二者の関係をめぐる様々な立場について解説しようとするのではない。むしろここでは「生まれつき――自然本性の傾きのままに――知ることを欲する」人間の知的探求、とりわけ知恵の探求は、理性のみによる遂行では極めて不十分であって、信仰の光に頼る必要があることを示したい。

アリストテレスは『ニコマコス倫理学』のなかでシモニデスという人物が「人間は人間のことを思い、死すべき者は死すべき者のことを思え」と言ったのに反論して、次のように述べている。これは私がここで言おうとしている事柄について貴重な示唆を与えてくれる。彼はこのような言葉にわれわれはしたがってはならないと前置きした上で、次のように言明する。「われわれに許されるかぎりにおいて、不死なるものに近づき、われわれ自身のうちにあるもののうちで最高のものにしたがって生きるようあらゆる努力を尽くすべきである。なぜなら、これは嵩《かさ》においては小さなものにすぎないにしても、力と尊さにおいては一切のものを遠く越えるからである」。

アリストテレスは「不死なるもの」すなわち神的な事柄に関してわれわれが知りうることは僅かであり、不確かでもあるが、低次の事物についてわれわれが知りうるすべてのことにもまして望ましく、より大きな喜びを与える、と考えていた。この考え方を受けて、カトリシズムはそのような神的な事柄に関する知的探求は人間理性のみによってではなく、神から授けられた恩寵の賜物である信仰の光の下に進めてゆくべきである、と一貫して主張してきた。

カトリシズムの立場では、人間理性がその固有の能力によって事物の本質、すなわち事物が「何であるか」を認識しうるのは、最終的には第一の真理としての神から授かった理性の光によるものである。そうであれば、同じく神の賜物である信仰の光によって知的探求がより先へと進められることについて、とくに問題はなかったと言えるかもしれない。次に二つの例によって、人間理性による知的探求がどのように信仰の光によって導かれ、より先へと進められるかを見てゆくことにしよう。

### †神が「存在する」と「何であるか」の区別

まず、神に関する知的探求で、極めて重要でありながら見落とされることが多いのは、以下の区別である。すなわち、神は「在る」ということについては、すべての人間が漠然とした曖昧な仕方によるものも含め何らかの認識を有するが、神が「何であるか」については全く無知である、という区別である。

「何であるか」知らないものについて「在る」と主張することは無意味ではないか、という異論が予想されるが、有限な人間の認識能力によっては決して測り尽くすことのできない神の場合、この区別は決定的に重要である。哲学者たちは昔から様々な神存在の証明を確立しようと試みてきたが、右の区別を見落とすか、無視した証明の試み、及びそれらの批判はすべて無意味と言わざるをえない。

たとえばトマス・アクィナスが『神学大全』の冒頭で提示している、彼自身が「五つの道」と呼んだ簡潔な神の存在証明は、支持と批判を含めて多数で多様な解釈の対象になったが、私が見た限り、ほとんどの場合右の区別を考慮に入れない議論に終始しており、不十分と言わざるをえない。

トマスが神を「主題」(subjectum) とし、すべてのことが「神の観点の下に」(sub ratione Dei) 論じられる「聖教」(Sacra Doctrina) の冒頭で、当の主題である神が「在る」ことを敢えて論証しようと試みていること自体、意外に思われることであり、読者は彼の真の意図を見誤ることのないよう注意すべきであろう。実のところ、トマスが「五つの道」で試みているのは、「万人が神と呼び」「神と理解し」ているもの、そして漠然とした曖昧な仕方ながら万人がそれは「在る」と考えているのであるが、その考えは理性に照らして根拠がある、ということを示すことであった。

「五つの道」の各々は神の存在証明であるが、それらはどれも「それゆえ神は存在する」という命題で結ばれてはいない。「神と呼ばれているもの」「神と理解されているもの」という段階を抜け出して「これが神である」(hoc est Deus)と明確に語られるのは、「五つの道」の後で、神は「何であるか」、あるいはむしろ「何であらぬか」の認識に向かって、聖書の教え(信仰の光)の助けも借りながら、「五つの道」を頼りに(実質的には有限な被造物につきまとう様々な不完全性、限定を神から取去する「否定の道」を通じて)神の単純性、完全性、無限性、永遠性などを経て、神の「一性」(unitas)にたどりついたときである。つまり、ここでやっとトマスの神存在論証はひとまず完結するわけであるが、神の「何であるか」はまったく知られないままにである。

神が「存在する」と確かに知られると、神とは「何であるか」を知りたいという欲求はより激しく燃え上がり、それが満たされるまでは安らぐことを知らないのが人間理性であるが、神の「何であるか」を知る道は、自らについて教える神の言葉を聴いて、信じることから始めるほかにはない。ここからの神に関する知的探求は、信仰のみによって肯定した神についての真理、すなわち信仰の神秘をできる限り知的に理解する——「信仰の知解」(intellectus fidei) すなわち神学――という形をとる。
「神の言葉を聴いて信じた真理、すなわち信仰の神秘――何よりも一なる神における父・子・霊という三つのペルソナの区別、ペルソナの間の知恵と愛の交わりである神の永遠の生命《いのち》、すなわち三位一体(Trinitas)の神秘――を知的に理解する」と言ったが、これは信仰を知的理解に転換ないし移行させるという意味では決してない。神の言葉を聴いて信じるのは神の教えが人間の言葉でわれわれに伝えられることを通じてである。したがって、信仰の神秘を知的に理解するとは、当の神秘が「何であるか」を把握するという仕方で知ることではない。むしろ「何であるか」は知られないままにとどまる神秘としての神に触れ、それに親密に結ばれること、つまりより完全に、より有意味で知的な仕方で信じることを「知的に理解する」と言ったのである。

理性のみによっては極めて不完全で、誤謬に陥りやすい神に関する知的探求を、信仰の光を頼りにしてより先に進めるということは、けっして「神の言葉」という魔法の階段を登って知のより高い段階に到達するといったことを意味するのではない。むしろ、それは右に述べた意味での「信仰の神秘」の知的な理解を通じて、神の測り難い知恵と愛、惜しみない神の慈しみ――神の本性である善性(bonitas)そのもの――に触れるということである。言いかえると、カトリシズムの言う地上の生における「信仰の知的理解」による神の知的探求の促進とは、限りない慈しみ・善性という神の本性に触れることを通じて深められる愛《アガペ》によって、信仰の完成を求める道にほかならないのである。

## †なぜ自己認識のために信仰が必要か

人間理性による知的探求が信仰の光によって導かれることを特に必要とするもう一つの例は、「汝自身を知れ」というデルフォイの神託にまで遡る、知恵の探求としての哲学の中心的課題すなわち自己認識である。「自己」という探求者自身にとって最も身近な対象を認識するのにどうして信仰の光が必要なのか、といぶかる人は、われわれが日常頻繁《ひんぱん》に、ほとんど無意識に使用している「私」という一人称代名詞はいったい何を指しているのか、そもそも「私」は何かを指示しているのか、考えていただきたい。おそらく誰もがその意味を十分に理解して、意味のある仕方で使用しているはずのこの言葉はいったい何を指しているのか、困惑するに違いない。この言葉を使用している者、つまり何事かを考え、認識している者は、思考や認識の働きをしている自己の現存を認識しているのだが、「自己」そのものを認識してはいないのである。

実はここでわれわれが第一に注意すべきこと——そして今日ほとんどの場合このことは見落とされているか、無視されている——は、自己認識においては認識する者と認識されるものは、明確に区別されるが、同一の実在だ、ということの不思議さである。「不思議さ」と言ったが、われわれは日常の生活で「自己を振り返る」「自己に勝つ」「自己を戒める」など、「振り返る自己」と「振り返られる自己」、「勝つ自己」と「勝たれる自己」との区別と同一性を自明の理のように語ることに慣れているので、この不思議さ――明確に区別される二者の同一性――に鈍感になっているのかもしれない。

実を言うと、この不思議さは「ここに・いま」在るという諸々の物体の限定された低次の在り方とは根元的に異なった、精神ないし知的実体の高次の在り方に関わることなのである。精神は自己の働きを振り返ることを通じて働きの根源である自己自身へと完全に立ち帰ることができるのであるが、そのことは精神の「自己自身において在る」という高次の、完全な在り方を示すものにほかならない。それは「ここに・いま」という空間・時間的に限定された、特殊的な在り方ではなく、「常に・どこにでも」という普遍的で高次の在り方であり、より完全な意味で「一」なる存在なのである。

このように厳密な意味での自己認識とは精神の認識であり、認識されるべき精神は認識する精神「私」に最も親密に現存しているのに、どうして自己認識のために信仰の光が必要とされるのか。それは人間理性がその固有のちからによって行う認識は感覚から始まり、認識が確実な仕方で進められるのは、何らかの仕方で感覚が到達し、また検証しうる範囲、つまりカントが可能的経験の領域と呼んだものに限られるからである。言うまでもなく、人間理性は感覚されうるものを超えて普遍的な本質を認識しうる精神的・知的な能力であり、高次の仕方で在る精神を認識するちからを可能性としては有しているが、それを現実に行使するためには多大の準備教育――実は古典的なリベラル・アーツの主要目的はそのような普遍的で可知的な対象を認識しうる能力の育成であった――が必要とされる。

そしてそのような準備教育は、人間精神よりもさらに高次の仕方で存在する知的実体、すなわち神、および聖書において「天使」と呼ばれている有限で純粋に精神的な実体などについての聖書やアウグスティヌスを始めとする神学者たちの教えを主要な要素として含むのである。なぜなら、人間精神が「何であるか」を確実に学ぶためには、人間精神（霊魂）がそれの像《かたどり》へと向けて創造されたという三位一体なる神、さらに人間よりもより完全な仕方で知的活動を行っているとされる天使に注意を向けることが、おそらくは不可欠と言えるほど必要だからである。

私自身の経験を述べることが許されるならば、私に自己認識の問題に関して最大の知的照明を与えてくれたのはアウグスティヌスの『三位一体論』であった。デカルトの「コギト」は「私は考える」という働きへの振り返りを通じて「考えるわれ・自己」の存在を疑うことのできない確実な真理として確立したと主張しつつも、「自己・精神」の「何であるか」に十分な光をあてるには到らず、カントがデカルトの「コギト」は自己意識にとどまるもので、自己認識ではない、と批判したのはその限りで当っていると思う。

これに対してアウグスティヌスは実際に自己認識を様々な仕方で徹底的に試みること自体において、自己への完全な立ち帰りを実践し、自己認識の実践そのものにおいて「自己自身において在る」精神・自己とは「何であるか」を浮び上がらせることに成功しているのである。私はアウグスティヌスの『三位一体論』を読まずして、自己・精神について哲学的に論じようとするのは、地図なしに見知らぬ土地を旅することに近いとさえ思う。

### †信仰なしに「人間とは何か」と問うこと

ところで、人間が人間であることを学び、実現することを最大の課題とするはずの知的探求は、いま、われわれの間ではどのような状況にあるか。私には現在の日本における知的風土について正確に報告する資格も準備もないが、「神と自己（精神）」を知りたい、あるいはこの二者を知ることが人間として最も大事なことである、という見解に与する人が僅かであるのは確実と思われる。

「神は知りえない」「人間は自らに像《かたど》って神を造るのだ」といった無意味な言葉はしばしば耳にするが、「神は知りえない」という言明は、神を知ろうと力の限りを尽くした者が、神はわれわれが神について知りえたことを無限に超えている、という神の測り難さを自覚する言葉としてのみ意味がある。ロボット、人工知能、それに脳を科学的に研究する人が多いが、ロボット・人工知能・脳が研究しているのではないから、「研究する」「知る」という働きの根源（アリストテレスが「形相《エイドス》」と呼んだもの）である自己・精神についても真剣に知ろうとつとめてもおかしくはないのではないか。

　はっきりと言えるのは「神と自己（精神）を知る」ことなしには「人間とは何か」という問いが意味を失うということである。なぜなら、人間の生命《いのち》とはこの肉体の生物としての生命《いのち》であって、それは地上の生活が終わる時に完全に消滅する、という「人間」観で満足するのでない限り、地上の生は真の意味での旅――人間であることの最終的で永遠の実現・完成をめざす旅――であり、ボナヴェントゥラの言葉を借りれば「精神の神への旅程」（Itinerarium mentis in Deum）なのであるから、神と自己（精神）について知ることは「人間である」「人間として生きる」ことのすべてを知ることだ、とも言えるからである。

　今日われわれの間で「神と自己（精神）を知る」という知恵の探求における中心的課題に背を向ける者が多いのは、人間理性がこの探求を十分に、徹底的に進めるためには「信仰の光」の導きを必要とするからであるかもしれない。そうであるとしたら、われわれは「信仰と理性の分離を根本的な前提とする近代思想は、人間中心主義を旗印として掲げているにもかかわらず、実はわれわれが「人間とは何か」と意味のある仕方で問うことを不可能にしているのではないか、確かめてみる必要があるのではないだろうか。

第四章

# 「創造」とは何か

## 1 「一神教」と「創造主」

### †キリスト教は一神教か

私は少し前に「キリスト教は《一神教》か」という多少乱暴な——今から考えるとかなり曖昧な——題名の文章を公《おお》けにしたことがある。そのきっかけは、一般に「一神教」の名で呼ばれているキリスト教は、実は顕著な多神教的性格を含んでいることを指摘する宗教学者の「一神教の多神教的呪術的現実」と題した一文に興味を覚えたことであった。

その著者の宇都宮輝夫氏によると「キリスト教が一神教であるというのは、キリスト教のいわば自己申告であって……キリスト教の多神教的性格は（父なる神、子なる神、聖霊なる神があるとする三位一体論、人間であるキリストの神性を主張するキリスト論、実質的に神にかなり近い聖母礼拝、など）顕著に認められる」。著者は以前から「一神教の排他的・暴力的・反呪術的な性格を論ずる言説」が粗雑であると痛感し、キリスト教の歴史、その現実の日常的宗教実践を客観的に見ればその「多神教的性格」は明白に認められる、と指摘したわけである。

私が「キリスト教は《一神教》か」をこの論説が掲載されたのと同じ雑誌『学士会会報』に寄稿したのは、題名からもわかるように、キリスト教は確かに「一神教」であると反論するためではなかった。むしろ私はキリスト教を「一神教」と呼ぶ慣習は、実証的な科学であることを目指す宗教学が、キリスト教を他の諸々の宗教と同列に置いた上での分類に由来するものと承知していた。したがって、この名称をキリスト教の「自己申告」と見なすことには何か疑問を感じた。

他方、一なる神における三つのペルソナの区別、人間であるキリストの「神性」の主張、おとめマリアは「神の母《テオトコス》」であるという教義《ドグマ》は、「客観的、常識的に判断すれば多神教的性格をあらわにするもの」という著者の指摘については特に反論の必要を感じなかった。かえって、キリスト教は「一神教」であるとの前提があるため、これら（「客観的、常識的に判断」する限り）「多神教的性格」をうかがわせる教義《ドグマ》は、キリスト教は明白な自己矛盾を含む、「非論理」的で「わけのわからぬ」ことを独善的に教える宗教であるという印象を強めることになったのではないか。

そうであるならば、まず「一神教」という名称の方に批判の目を向けるべきではないのかと考えたのが私が「キリスト教は《一神教》か」を書いた動機であった。

## †一神教は単数の神を信じるという誤解

こんにち、普通に「一神教」と言えば複数の、時として極めて多数の神々を崇《あが》め奉り、礼拝するのではなく、唯一の神を神として礼拝する宗教を意味する。その最も代表的な例は『旧約聖書』『申命記』六・四「聞け《シェマー》、イスラエルよ。我らの神、主は唯一の主である。あなたは心を尽くし、魂を尽くし、力を尽くして、あなたの神、主を愛しなさい」という厳かな響きの戒めを「聞け《シェマー》」と呼んで朝夕の祈りの始めに唱える「イスラエルの民」の宗教であろう。

ここで神が「一」であることは、かつて預言者モーセに自らの名「わたしはある」(『出エジプト記』3・14)と、自らの本質「慈しみ深く恵みに富み、忍耐強く慈しみとまことに満ちる神」(同、34・6)を啓示した神のみがイスラエルの民にとって仕えるべき主、神である、との戒めによって示されている「一」にほかならない。そこには「多数の神々」との対照はなく、啓示以外の何ものかをイスラエルの民が崇め、礼拝するなら、それは最も忌むべき偶像礼拝なのである。

ところが実証科学である宗教学の見地からすれば、真実の神と「偽《いつわ》りの神」にすぎない偶像との区別は科学的に実証できないので、「一」と「多」という量的な差異に還元されざるをえない。ここからして、いわゆる「一神教」による神と偶像の厳しい区別は独善的で排他的であり、多数の神々のいずれかを選択する自由がある「多神教」がより寛容でありうる、といった類いの議論も聞かれることになる。

誤解のないように付け加えておくと、私は「一神教」「多神教」という分類法そのものを斥けているのではなく、キリスト教は複数ではなく単数の神を礼拝するから「一神教」だという幼稚な誤解を問題にしているのである。つまりキリスト教の基本信条である「ニカイア・コンスタンティノス信経」の最初の一節「わたしは一なる神を信じます」の「一」は、リンゴや星を「ひとつ、ふたつ」と数える時の「一」だと考える誤りが問題なのである。

### †「一なる神」の「一」の意味

では「一なる神」と信仰宣言する時の「一」は何を意味するのか。ここで非常に興味深いのは、トマス・アクィナスが『神学大全』で「神は最高に一なる者であるか」(Utrum Deus sit maxime unus) という問題を考察するにあたって「一と呼ばれるすべてのもののうち、その首位に立つのは聖三位一体の一性である」というクレルヴォーのベルナルドゥスの言葉を、神は最高に一なる者であるという主張を裏づける権威として挙げていることである。それは先に言及した論説でキリスト教の「多神教的性格」を示唆する例（一なる神における三つのペルソナの区別）として挙げられていたものにほかならない。

ここから推察すると、三位一体なる神という神秘の中の神秘は、神の内的生命というか、神の本質に最も親密に触れることを可能にしてくれる信仰の真理であるから、神が一であるということの意味は神の存在そのもの、その本質からして探求し、理解すべきものだ、ということになるのではないか。

実際に、さきに引用したベルナルドゥスの言葉は「神は何であるか」(Quid est Deus ?)と何度も繰り返して問い、その都度詳細な考察を重ねた後に、つまり神の「何であるか」について、人間理性による知的探求のみでなく、信仰の光に導かれて極限まで探求を進めた上での結論なのである。

『神学大全』における神は「一」であるというトマスの言明も、神の単純性から出発して、完全性、善性、無限性、遍在性、不変性、永遠性と探求を重ねた末に、最後にたどりついた結論であった。つまり「五つの道」が示しているように、万人が神と呼んでいるものを、第一原因、存在そのもの、最高の完全性、諸々の事物を目的へと秩序づける知的存在として捉えることは人間理性による知的探求によって可能であるが、そこから進んで信仰の光に導かれつつ、神の「何であるか」に関して最後に到達する認識が神の「一性」なのである。

このように見てくると、神が「一」なるものであるとは、神の自らについての啓示を「信仰のみによって」真理として肯定することによって到達される「信仰の神秘」(例えば三位一体なる神)を別にすれば、人間理性による知的探求——神学的探求も含めて——によって到達しうる最高の「神」認識とも言えるであろう。キリスト教の基本信条が「われは一なる神を信ず」と宣言することから始まることにこめられた意味を見過ごしてはならないのではなかろうか。

## †「一であること」は「在ること」

では神の「一であること」すなわち「一性」は人間理性の知的探求によって到達しうる最高の「神」認識であるとして、目の前の色々なものを数えるときの「一」とは違う「一性」はどのように理解したらよいのか。一言で言うと、それは「在る」と置き換えられうるような「一」である。

ここで言う「在る」は何かが「ここに・いま」在る、と言うときのような「知覚される」と同一視される「在る」ではない。この点についてはさきに「超自然と形而上学」について述べた際に触れたのでそこを参照していただきたい。それは見る、触れる、といった知覚の対象ではなく、価値や目に見えない精神も含めて、実在するもの（res）を捉える知性（intellectus）の対象としての「在る」である。

しかも知性の固有な対象としての「在る」は外界の事物においてではなく、むしろ知性、というよりは精神の自己への完全な立ち帰りにおいて認識されることもさきに指摘した。知性によって捉えられる「在る」は「ここに・いま」ではなく「いたるところで・常に」（ubique et semper）捉えられる共通的（普遍的）な「在る」（ens commune, universale）なのである。そのような「在る」が「一」と置き換えられる「在る」であり、その意味で、在るものは在る限りにおいて一なのである。

ところで神の「一」であることを数的な「一」として理解した場合には全く問題にならないことであるが、神は単に「一」であるにとどまらず、すべてに優《まさ》って最高に「一」である。そしてそれは神がすべての可変的で有限な「在るもの」を在らしめる不可変・永遠で無限な、最高の「在る者」であることに基づく。したがって、神が最高に「一」であることの意味を理解するためには、神が最高の「在る者」とされる根拠を明らかにする必要があるが、それは神が万物を無から造り出す「創造主」（Creator）であることの考察によって最も明瞭に認識されるであろう。

神による万物の創造、あるいは創造主としての神に関するわれわれの知的探求が陥《おちい》りやすい、というよりほとんど不可避的に陥る誤りは、それを直接に「創造する」という神の働き、ないし行為という見地から探求し、説明しようと試みることである。このような言い方に対しては、創造するのは神であり、創造は神の働き・行為であるのだから、それ以外にどんな探求の方法があるのか、と反論されるに違いない。

それに対する答えは、神においてはその働きは神の実体ないし本質であるから、人間理性による探求を超え出る神秘であることを認めなければならない、というものである。このことを無視して、たとえば啓示された真理である「無からの創造」を哲学的な概念と解する論者は、創造を虚無から存在に到りつく、つまり無限の距離を一瞬のうちに通過する大いなる運動ないし変化の過程であるかのように想像した上で、そこから様々な問題を紡ぎ出して論じようとする誤りに陥りやすい。

したがって創造を理性による知的探求を通じて、つまり哲学的に理解するためには、有限な被造物の側からして、すなわち被造物における創造の働きの結果の考察を通じて、その原因である創造と呼ばれる働きに近づくことを試みるほかない。その場合、最も重要なことは、われわれが想像のうちで「創造」と呼ばれる働きと結びつけがちな運動や変化の要素、したがってまた時間の要素を徹底的に取り除くことである。

ところがこうした要素は、神による創造の働きを、結局のところ「造る」というわれわれにとって親しい働きの概念に基づいて理解しようとする、極めて根絶困難な思考習慣に由来するものであるから、それらを排除することは容易ではない。

### †「関係」としての創造

想像力によってつくりあげられた虚構や虚像を徹底的に取り除いた後に残る哲学的な「創造」概念は、「関係としての創造」のほかにはない。ここで言う「関係」とはわれわれが経験する諸々の事物が、何らかの運動や変化という限定された側面に即してではなく、その全存在が第一の根源あるいは原因であるものに対してもつ関係である。

いま事物の「全存在」(という結果)がそれの「原因」に対してもつ関係という言い方をしたが、ここで「全存在」やそれの「原因」が行使する(特定の運動や変化という結果を生ぜしめる通常の意味での因果性とは異なった)「存在の因果性」ないし「創造の因果性」とも呼ぶべきものについて、詳しい説明には立ち入らない。

ここでは、われわれが経験的な事物、すなわち被造物の究極的な実在性を探求して、事物の「全存在」とも呼ぶべきものに到達しえたとき、そこで同時に認識されるのがこの事物の「全存在」はその第一の根源ないし原因に絶対的・全面的に依存するという関係に他ならないことを指摘するにとどめる。われわれが哲学的な立場から創造を肯定できるのは、この絶対的・全面的な依存の関係としての「創造」のみである。

言いかえると、われわれが経験的な事物の核心にあるものを徹底的に探求して、そうした事物が究極的にそれによって存在するところのもの——事物の「全存在」——に到達しようと試みるとき、そこでわれわれが発見するのは、そのものは神によって行使される創造の因果性の固有な結果だ、ということである。そして、すべての事物の「全存在」が第一の根源・原因としての創造主に絶対的・全面的に依存するという関係こそ、われわれが哲学的に創造について理解しうる限りで、創造主たる神が最高に「一」であることの認識を根拠づけるものなのである。

「関係としての創造」と言うときの「関係」の意味について、一言説明しておきたい。普通に「関係」と言えばAがBに対してどうあるかに対応してBはAに対してどうあるかが語られる。しかし創造は被造物の創造主に対する絶対的・全面的な依存の関係であると言うとき、被造物の側から言えばこの関係はまさに実在的である——そうでなければ被造物は虚無であろう——が、創造主の側から言えば、創造主たる神の本質ないし実体から区別された関係という何らかの実在があるわけではない。神に被造物に対する実在的な関係を帰属させることは神を実在的に限定することであり、神について被造物に対する関係を語りうるとすれば、被造物の側における神への絶対的・全面的な依存の関係にいわば伴うものとして思惟される関係、すなわち「概念的存在」(ens rationis) としての関係であるほかない。

ただし、このことをもって創造とは神の側から言えば単に概念的 (secundum rationem) なことであって、創造主たる神は被造物の世界からは限りなく離れて在るという意味で「超越的」であるとは言えない。さらに、そのような限りない離在としての「超越性」のゆえに神は最高で最も完全な存在であり、したがってまた最高に「一」であると考えるのは全くの誤解である。それとは正反対に、後にわれわれは三位一体なる神という信仰の神秘を探求することを通じて、神の本質・本性と同一である創造の働きは、神が自己を最高の仕方で被造物に与えようとする神の知恵と愛の顕示であり、限りない慈《いつく》しみの行為にほかならないことを理解するであろう。

## 2　創造と進化

### †天地創造の物語は何を伝えようとしているのか

多くの人が「創造」という言葉を前にしてすぐ思い浮かべるのは、旧約も新約も含めて聖書全体の冒頭に記されている「初めに、神は天地を創造された」という一句であろう。そこでは神の「光あれ」という言葉によって光が存在し、光と闇が分けられた第一の日に始まり、神が自らにかたどって人間を、男と女に創造された第六の日に到る天地万物の創造が語られ、創造の仕事を完成した第七の日に神は安息をとられた、と記されている。

この天地創造の物語からどのような意味を汲みとり、いかなる教訓を学ぶにしても、そこで大空、地、海、また地に育つ植物、太陽と星、地と海に群がる動物、そして最後に人間の出現が語られているのであってみれば、ここで語られているのはこの宇宙、われわれの世界の起源と宇宙生成の過程である、と考えるのは不思議ではない。

たしかに、人間が宇宙の始源とその生成の過程に知的な関心を抱くことは昔も今も変らぬ事実である。しかし昔から『モーセ五書《ペンタウク》』の名で知られる、『創世記』に始まる旧約聖書の最初の五書は「律法《トーラー》」の名で呼ばれ、神が自らの民として選んだイスラエルの民に、自らが何者であり、いかなる目的をもってこの民を自らとの親密な交わりに招き入れたのかを教え《トーラー》諭《さと》す書である。そのことを考慮に入れるならば、天地万物の創造の物語が、宇宙の始源とその生成の過程を明らかにするためのものではないことは明瞭であろう。

むしろ天地万物の創造を語ることで聖書が伝えようとしている第一のメッセージは、例えば「神」と崇《あが》められることの多い太陽は決して神ではないこと、すべての在るものは神の言葉によって存在へと呼び出されたものである、というものであった。それと並んで重要なメッセージは、神は自分が創造したものを見て「良しとされた」と繰り返し言われ、最後に創造の業の全体について「見よ、それは極めて良かった」と言われたことが示しているように、神によって創造された天地万物、すべて存在するものは神によって創造されたものである限り善きものである、というものであった。

### †神の創造の働きは信仰の神秘

もし『創世記』冒頭の神による天地万物の創造からわれわれが読みとるべきメッセージが右に述べたようなものであるならば、われわれの間でしばしば聞かれる、聖書が語る神の創造の業を宇宙の起源とその生成の過程と見なした上で、天地創造についての聖書の教えと「進化」の観点から宇宙の生成過程を解明しようとする科学の立場は対立するものと断定する見解についてはどう考えたらよいのか。

私は根本的に言って、このような見解は神自身の働き、ないし行為としての創造――それはさきに触れたように神の本質ないし実体と同一の神秘である――と、神によって創造された、つまり神の創造する働きの結果である被造物において認識される事柄とを混同したことに基づく誤謬である、と考えている。それは言いかえると、被造物の存在の全体ないし全存在を生ぜしめる、（神のみによって行使される）創造の因果性・存在の因果性と、有限な被造物の領域におけるより特殊的で限定された因果性としての運動ないし変化の因果性との混同である。

ところで、さきに述べたように、われわれは神による創造の働きを、「造る」というわれわれにとって身近な働きに基づいて理解しようとする思考習慣を克服することが困難である。そのため、この混同を避けることが至難の業であることは否定できない。

神自身の働きとしての創造は神の本質・実体と同一なのであるから、われわれが「信仰のみによって」肯定する三位一体の神秘に導かれることなしには、人間理性がその理解に近づくことは全く不可能である。神の創造の働き——神の限りない慈しみの顕示——そのものは、三位一体の神秘に基づいて初めてその知的理解が可能となる信仰の神秘であることをわれわれは見落としてはならない。確かに人間理性は被造物における神の創造の働きの結果の認識を通じて、創造の働きが存在することを（創造主に対する絶対的・全面的な依存の）関係として認識することはできる。しかし、それは決して神の創造の働きそのもの、それが「何であるか」の認識ではない。

このように神の創造の働きそのものは、三位一体の神秘と同じく信仰の神秘であることを確認することによって、「創造」と「進化」は宇宙の起源やその生成の過程という問題に関して、互いに激しく対立する二つの教説ないし概念を指す用語であるという誤解は完全に排除することが可能であろう。おそらくわれわれは「初めに、神は天地を創造された」という『創世記』の冒頭の平易に読める一句を「初めに言《ことば》があった。……言は神であった。……万物は言によって成った」という『ヨハネ福音書』の冒頭の神秘に満ちた一句と読み合わせつつ味わうべきではないだろうか。

私はこのことを示唆するのみで、何故そうすべきかを説明することはできない。しかし、この二つの文章は同一の真理を言い表すもので、互いに響き合う声であることは確かだと思われるのである。

## †人間は神の「何であるか」を知りえない

このように神の働き・行為である創造は、宇宙の原初の状態やその生成の過程に関わる進化とは全く次元を異にするものである。したがって、創造論と進化論を同一の宇宙論のうちに位置づける議論は無意味で空虚な言葉の遊びに過ぎない。

だがその場合、聖書が神による天地万物の創造を教え、キリスト信者が万物の創造主である神を信じることにはどのような意味があるというのか。この問いに対する答えは根本的には極めて単純、そして平明なものであり、「神とは何か」をわれわれに教えてくれる、というものである。

ただここで見過ごしてはならないことは、われわれは「創造」という言葉をできる限り聖書の全体をよりどころに、とりわけ人間となってわれわれの間に宿られた神であるイエス・キリストの教えに基づいて理解するよう試みなくてはならない、ということである。

そのことを無視して、「万物を無から創造する神」をこの世界からまったく切り離し、超越の高みから全能の力をもって支配する権力者であるかのように想像したり、あるいはこの世界を無数の部品からなる精巧な時計になぞらえて、神はそれを製作した時計師であるかのように考えた人々は、次の真理を完全に忘却していたのである。すなわち、人間理性は自らの固有能力をもってしては神の「何であるか」を全く知りえないのであって、神が「何であるか」は神自身が言《ことば》をもって教えてくださるのでなければ、われわれは完全に無知なままにとどまらざるをえないのである。

## 3　創造と救い

### †人間理性は神の本質を把握できない

「創造」を厳密に神の働き・行為として認識するためには、無限なる神においては働き、および働きを行う能力は神の本質、本性ないし実体と同一であるから、まず後者を神の自己啓示に基づいて認識するところから始めなければならない。それは具体的には、「一」なる神においては父、子、霊という三つのペルソナが区別され、それらペルソナの間の知恵と愛の交わりが神の内的生命であるという信仰の神秘を、信仰の光に導かれつつ知的に探求するという形をとる。なぜならこの神秘中の神秘は、御自身の内奥まで親密に立ち入るようにとの神の招きであるから、われわれは三位一体の神秘の知的な探求によってのみ、神の本質・本性を認識しうるからである。

ここで注意しなければならないのは、信仰の光に導かれる、つまり神の恩寵によって支えられる場合においても、人間理性が神の本質・本性を認識するのは、通常、何らかの事物の本質を認識する場合とは事情は甚だしく異なることである。

まず、通常、感覚的認識から出発して事物の本質の認識に到達する場合、当の本質は事物の形相として事物の「何であるか」を規定すると同時に、当の事物の「存在《ある》」を「……である」と特殊的に限定する。これに対して神の本質・本性の認識においては、神の無限性からして本質は神の「存在《ある》」そのものと同一であって、何ら特殊的に限定することはない。

さらに、有限な事物についてその本質が人間理性によって認識される場合、認識が論証によって根拠づけられている限り、人間理性はその事物を把握する(comprehendere)と言うことができるが、神の本質を人間理性が把握することは不可能であると言わなければならない。

そのことは神の「存在《ある》」は無限であり、無限に可認識的(infinite cognoscibilis)であることからして明白である。むしろ、さきにも述べたように、信仰の光によっても、つまり恩寵の啓示によっても、人間理性はここ地上の生においては「把握」という仕方では神の本質を認識するには至らず、遂に「知られざるもの」であるがままの神に結ばれるにとどまる、というのがカトリシズムの神認識の特徴なのである。

## †「三位一体なる神」の神秘

旧約聖書では預言者モーセに神の「何であるか」を言い当てる「名」が掲示され、新約聖書になると、使徒フィリポが「主よ、わたしたちに御父をお示しください」と頼んだのに対するイエスの答え――「こんなに長い間一緒にいるのに、わたしが分かっていないのか。わたしを見た者は父を見たのだ」――は、人間となられた神であるイエス・キリスト自身が神の本質の完全な啓示であることを明示している。さらに『ヨハネの第一書翰』ではイエス・キリストにおいて自らの本質を完全に啓示された神について「神は愛《アガペ》である」と端的に言い表されている。

ここで私が強調したいのは、「私は在る」という神の「名」、さらに「神は愛《アガペ》である」というこの上なく単純・明快に響く言葉を正しく理解するためには、さきに触れたように「御自身の内奥まで親密に立ち入るようにとの神の招き」である三位一体の神秘を知的に探求するところから考察を始めることが必要だ、ということである。

例えば、『出エジプト記』においてモーセに示された神の名はなぜ単純な「在る」ではなく「私はある」なのか。それは神は何かが「ここに・いま在る」と言う時のような「在る」「在るもの」ではなく、「私はある」すなわち「自分自身において在る」という完全な

「一性」をもって「在る」ことを示しているのである。そして「三位一体なる神」という信仰の神秘は、神の「在る」は「父と子、父・子と霊の交わり」という「在る」であって、精神的存在に対応する完全な「在る」であることを教えてくれるのである。

さらに「神は愛《アガペ》である」とわれわれが意味のある仕方で言明しうるのは、「三位一体なる神」という信仰の神秘の知的探求を通じて神の内的生命、すなわちその本質は知恵と愛の交わりであり、そして神はこの交わりへと被造物を招き入れることを望む、慈しみ深い神であることをわれわれが学んだからである。

すべての働きや行為について真実のことを理解するためには、働きや行為の能動的原因の本質・本性について何らか理解することが必要である。神の創造の働きの場合、それは三位一体の神秘を知的に探求することを通じて到達される、神の本質・本性の認識であることが明らかになった。

では三位一体の神秘の知的探求を通じてわれわれが神の本質・本性について認識しうる第一のことは何であるか。それは神自身が知恵と愛の交わりであり、そしてこの交わりは自らのうちに閉じこもる排他的な交わりではなく、むしろ自らを無限に押し拡げ、惜しみなく自らをわかち与える、つまり善性（bonitas）そのものである、ということではないか。言いかえると『出エジプト記』の「私はある」も『ヨハネの書翰』の「神は愛《アガペ》である」

も、「三位一体なる神」という神秘の知的な探求を通じて神の本質・本性は自らを最高の仕方で被造物にわかち与える善性そのものであることを啓示するものであることが認識されるのである。

「善性」そのものという新プラトン哲学的な響きの言葉を聖書的に言い換えるならば、「慈しみ深く恵みに富み、忍耐強く（怒るにおそく）慈しみとまことに満ちる神」、すなわち神に背いた者である罪人を赦すことにおいて自らの全能を示す神の限りない慈しみこそ、われわれが「三位一体なる神」の神秘から学びとる神の本質・本性にほかならない。

このような言い方は唐突に、また独断的に響くかもしれないが、神による罪人の赦しは「無からの創造」にも勝《まさ》って神の全能を鮮明に示すものであり、その意味で無限にして永遠なる慈しみこそはわれわれが神の啓示から第一に学びとることのできる神の本質・本性である、というのがカトリシズムが聖書に基づく真理として、一貫して保持し、伝えてきた立場なのである。

### †創り主と救い主の同一性

この節の表題を「創造と救い」としたことの意味が、神の本質は何よりも「永遠で無限な慈しみ」として理解すべきことを三位一体の神という神秘から学んだことで、一挙に明らかになったのではないだろうか。「創造と救い」と言うときの「と」は決して二つの別々のことを並べただけの「と」ではなく、まして二つを分離させる「と」ではない。「創造」を「進化」と同じ次元で考える者、創造は遠い遠い過去の事で、救いは現在の私自身に関わることだと考える者、その者にとっては創造と救いは別々の二つの事であろう。

しかし創造は限りなく慈しみ深い神の業であり、それは現在の私が現実にどのように生きるかに深く関わっていることを理解した場合には、創造と救い、創り主と、様々な困難、挫折、悲惨に出会うこの地上の生の旅路でわれわれ人間を真の安息と幸福へと導いてくださる救い主とは同一である、という真理が自《おのず》から明らかになるのではないだろうか。

創造と救いの内的な結びつき、創り主と救い主との同一性を肯定する立場は、次の強力な、しかもキリスト教初期の時代から現代に到るまで現実に強い影響力をふるった反対論に直面しなければならない。それは神によって創造された世界に見出される多種多様な悪、とりわけ神に像《かたど》って創られた人間が犯す罪によって引き起こされる巨大で深刻な悲劇や破壊を理由に神の創造の業を否定し、排棄した上で救済は創造主とは別の救い主に期待すべきことを主張する立場である。

この立場を最初に明瞭な形でうち出したのは二世紀のマルキオン(一六〇年頃没)であり、彼は旧約聖書の創造主なる神は、邪悪ではないにしてもこの世界とその悪の原因であり、正義の神ではあるが横暴な専制君主のごとき神であり、このような神はキリスト信者にとって重荷に過ぎない旧約聖書ともども排除すべきことを主張した。これに対してイエス・キリストにおいて自らを完全に示す新約の神は愛の神であり、真の救い主であると主張し、こうした主張を裏づけるために聖書の正典《カノン》は改訂された『ルカ福音書』とパウロの十編の書翰のみであると定めた。

こうしたマルキオンの過激な立場は一四四年にローマで異端の宣告を受け、急速に影響力が弱まったとはいえ、様々な形で中世においてもキリスト教的グノーシス主義として生き残り、十九世紀に自由主義神学の代表的指導者として活躍したアドルフ・ハルナックが、今こそマルキオンの遺志をついでキリスト教を旧約聖書の重荷から解放すべきだと宣言したことはよく知られている。

### †原罪の讃美

しかし、ここで創造と救いを分離すべきことを主張する立場についてさらに詳細に説明を試みたり、反論を提示するのはやめて、カトリシズムはこの問題に対する根本的な解決を、劇的とも言える仕方でつとに提示している事実を紹介しておきたい。

『創世記』は六日間で行われた天地創造のそれぞれの「日」を、神は自らの仕事を「良し」とすることで締めくくり、六日目に自らに像《かたど》って人間を男と女に創造し、祝福した後に、自らの創造の業の全体を見渡したが、「それは極めて良かった」と記している。ところが天地創造の記述が終わる第三章では人間は神の掟に背くという罪過を犯して主なる神から叱責と呪いの言葉を受け、楽園から追放されてしまう。これはマルキオンならずとも創造主たる神の仕事が蒙《こうむ》った挫折、欠陥、まさしく悪と呼びたくなるものではないか。

そしてアダムの次の世代にはカインが弟アベルを殺害し、しかもアベルのことを問い訊す神に向かって「わたしは弟の番人でしょうか」と嘯《うそぶ》くほどの邪悪さを示す。「ノア」が生まれた時はその父が「主の呪いを受けた大地で働く我々の子の苦労を、この子は慰めてくれるであろう」との期待をこめて「慰め《ノア》」という名を選んだほど、人々の心は荒《すさ》び、生活環境は悪化していた。聖書はそのことを「主は、地上に人の悪が増し、常に悪いことばかりを心に思い計っているのを御覧になって、地上に人を造ったことを後悔し、……『わたしは人を創造したが、これを地上からぬぐい去ろう』と言われた」と記している。

このような人間の堕落と生活環境の悪化の根元であるとされたのが、人祖アダムの罪――それは悪魔の巧妙な誘惑があったとはいえ、神の掟に背いて「善悪を知るものとなる」木の実を食べて「神のように」なろうとした彼の自由意思による罪であった――の結果としてアダムの裔《すえ》の全体、すなわちアダムの後、生殖によって生まれてくるすべての子孫・全人類が蒙ることになった自然本性の病い、ないし罪としての「原罪」(peccatum originale) である。

ここでは原罪とは厳密に言って何であるか、原罪の本質をめぐってキリスト教思想史のなかで長い間続いてきた論争の説明や解説には立ち入らないが、原罪こそが創造と救い、旧約と新約の分離を主張する論者が、創造の業は悪を生ぜしめた欠陥的な仕事であることの第一の根拠として挙げるキリスト教の負の遺産であることは明白であろう。

問題は人祖アダムが犯した第一の罪――それは厳密に言ってアダムのパーソナルな罪であり、原罪ではない――の結果として、イエス・キリストの受難と十字架の死によって罪の呪いは完全に消し去られたにもかかわらず、人間の欲情を罪の前に燃え上がりやすいものとする付木《つけぎ》(fomes) のような、人間性の病いとしての原罪はおそらく世の終わりまで存続するであろう。その原罪をわれわれは負の遺産として捉え、あるいは旧約聖書から引きついだ重荷と見なすだけにとどまってよいのか。問題はまさしくそこにある。

この問題は次のように言い換えることができる。万物の創り主である神が「良し」とされた世界の到るところで巨大な支配力をふるう諸々の悪、それら悪の力のまさしく「起原」である原罪を前にして、神によるこの世界の創造は失敗ではなかったかという絶望的な疑念にとりつかれ、創造主たる神とは全く別の救い主たる神を待望したくなる誘惑にわれわれはいかに対処すべきか。実はこの問題に対する根本的な解決は極めて身近なところに見出される。それは、復活祭前夜にカトリック教会で行われる復活祭蠟燭《ろうそく》の祝別式の中で唱えられる祈りにふくまれている次の言葉である。

「ああ、キリストの死によって消し去られたアダムの罪は確かに必要なものであることよ。このようにも偉大なる贖い主を報いとして得るとは、ああ何と幸いなる過失よ。」

原罪という大いなる禍いのもととなったアダムの罪を「ああ何と幸いなる過失よ」(O felix culpa)と讃美し、神に感謝するのは、決して単なる楽天観でもなければ、現実の世界から目をそむけて、ただ天を仰ぎ見る敬虔主義でもない。むしろこの言葉は、創り主なる神と救い主なる神は「一」なる神であることを信じ、この一なる神の本質を「三一なる神」の神秘から学んだ者の口から出たものである。それは旧約聖書で示された「私は在る」という神の名は、新約聖書の「神は愛《アガペ》である」というイエス・キリスト自身によって完全に証示された宣言と同一の真理を指すものである、という根本的立場を保持し、伝えてきたカトリシズムが原罪の問題に対して与える解決なのである。

### †人間自身が救い主となる「革命」をどう見るか

もう一つ、カトリシズムが創造主なる神と救い主なる神の同一性を最も単純な言葉で証ししてきた例を付け加えておきたい。これはかつてミサが世界中どこでもラテン語で捧げられていた頃の思い出である。ミサの中心部分である感謝の祭儀《エウカリスティア》に入る前に司祭は聖杯《カリス》のなかにぶどう酒と水を注ぎ入れる。その時、司祭は水を祝福して次の祈りを唱えるならわしであった。

「人間本性の尊厳を奇《くす》しき仕方で創り給い、かつより奇しき仕方で再生せしめ給いし神よ……」(Deus, qui humanae substantiae dignitatem mirabiliter condidisti, et mirabilius reformasti...)

自分自身に像《かたど》って人間本性の尊厳をこの上なく高める仕方で創造した神は、救い主として人間を贖《あがな》い、アダムの罪によってもたらされた死の呪いから人間を解放し、自らの栄光と永遠の生命に参与する者へとさらに高めてくださった、というのである。このように見てくると、創造主たる神と救い主たる神が同一の、一なる神であることを認めるのはごく平凡で容易なことと思われるかもしれない。

しかし、人間が欲望や野心に駆り立てられるままに、他の人間を暴力的に支配し、苦しめるという人間疎外の状況に直面するとき、われわれは創造主の知恵と愛にもとづく「創造の秩序」を無用と見なして排除し、人間自らいわば救い主として新しい「人間の秩序」を根本から創り出そうとする「革命」の理念を選びとる傾向がある。

こんにち、われわれの間で広く是認され、支持されている「近代化」という名の歴史観は文芸復興、宗教改革、産業革命などとともに、フランス革命をも「人類の進歩」として理想化する傾向がある。しかし、もし「革命」の理念が「創造の秩序」を、したがって創造主たる神の知恵と愛を無視して、人間自身がいわば「救い主」として根本から「新しい秩序を創り出すことを企てるものであるならば、果たしてそれが真実に善いものでありうるだろうか。ここでは「革命」の理念をめぐって詳細な議論にふみこむことはできないが、「創造主」と「救い主」を切り離すことはできないとするカトリシズムの立場から、政治理念としての「革命」に関してはもっと根本的な議論が必要であることを指摘しておきたい。

## 4 創造と悪

### †なぜ悪は存在するのか

「創造」と「悪」。これら二つの概念は、一見、全面的な相互排除の関係にあるように思われる。「もし神が存在するなら、悪はどこから来るのか?」エピクロスに帰せられるこの疑問、というより心の奥底から出てくる深い歎きの声は、二〇一一年に東北地方を襲った大災害に直面した多くの人々の口から現実に発せられたものである。

もし全能で至善なる神が存在するのなら、どうしてこのように巨大な破壊が突然襲いかかり、これほどまで人々が苦しまなければならないのか。この疑問、深い歎きの叫びを心の底から発する者は、またそれに真実の共感を覚える人は、全能・至善なる神による万物の創造と悪の存在との間には絶対的な矛盾・相互排除の関係があると確信しているわけである。

同じことが神の存在の仮定から出発するのではなく、むしろこの世界における明白な悪の存在から出発して、それと矛盾対立の関係にある無限な善である神の存在の否定を結論する、無神論の「定番」とも言える論証についても言える。

つまり、この議論を支持する無神論者は、無限な善である神と、そのような善そのものである神によって創造された世界における悪とは絶対的な矛盾・相互排除の関係にあると確信している——この確信自体を根本的に吟味する必要性を感じないままに。

## †悪は存在の欠如である

ところが、神による万物の創造とこの世界における悪の存在の関係についてのカトリシズムの根本的な立場は、それらは相互に矛盾対立することも、全面的に相互排除的でもないどころか、万物の創造主たる神なくしてこの世界における悪の存在は最終的に説明できず、また悪の本質を理解することも不可能だ、というものである。この主張は一見極めて逆説的であり、最高かつ無限なる善が悪の原因であると主張する自己矛盾を含むように受け取られるかもしれない。

しかし、それは無からの創造という存在の全体を原因とする無限な創造的因果性と、何らかの特殊的な、限定された存在に過ぎない結果——諸々の変化ないし運動——を生ぜしめる有限な第二次的因果性とを厳密に区別しないことにもとづくものである。言いかえると、直接に経験される世界における因果性の概念をそのまま創造的因果性の理解へと持ち込んだことによる誤解である。

これに対して存在を存在である限りにおいて、すなわち、特殊な限定された存在ではなくて、存在をまさしく存在として認識する高みに向かって困難で精妙な知的探求を進め、創造の因果性の正確な理解に到達しえた者にとっては、神による万物の創造を前提した場合にのみ、悪の本質を適切に理解できる、ということは確実にして明白な真理なのである。

このような言い方は、この世界における悪の現実を直視しないスコラ哲学的な形而上学者の「悪」理解としてかたづけられるかもしれない。実際にカトリシズムが古代の教父時代から中世を通じて一貫して主張してきた「(「悪」とは善の欠如であり、善は存在と等置されるものであるから)悪の本質は存在の欠如(privatio entis)である」という創造の形而上学に基づく「悪」理解は、しばしば悪の悲劇的な深刻さを直視しない楽天観として批判されてきた。

しかしながら、このような批判は「存在の欠如」と言う場合の「存在」(ens)を何かが「ここに・いま」在る、ないしは「かくかくのものである」などと言う場合の「存在」を指すものと誤解したことに基づく。言いかえると、「悪は存在の欠如」というカトリシズムの「悪」の本質の理解を悪の現実ないし真相に直面していないと批判する論者は、この「悪」理解が悪の本質を根元的かつ徹底的に探求することによって到達されたものであることを適切に理解せず、日常的経験の次元ないし倫理的実践の領域において「悪」と呼ばれているものの説明として受け取っているのではないか。

実を言うと「悪は善の欠如である」あるいは(在るものは在る限りにおいて善い、のであるから)「悪は存在の欠如である」というカトリシズムの公理は、われわれに堪え難い苦痛を与える諸々の災害、われわれを悩まし、絶望へと誘う様々な犯罪や不正など、この世界に満ち溢れている「悪」(誰もがそれらは「あってはならぬもの」と感じている)に立ち向かう際にわれわれを導き、支えてくれる実践的原理ではない。悪徳を矯正し、滅ぼすことができるちから（vis, virtus）は、人間を善そのものへと導いてくれる道としての徳（virtus）であるように、諸々の苦痛や罪過という悪にわれわれが立ち向かい、それらを克服することを可能にしてくれるのは、悪と正面から対決し、われわれが願い求め、できる限り実現しようと努める諸々の善のほかにはない。

### †ボエティウスの疑問

これに対して、在るものをまさしく在る限りにおいて徹底的に探求し、存在《ある》の第一根源まで到達した者にとっては、「もし神が存在するなら、悪はどこから来るのか」という問いは何ら問題とはなりえない——それはかのボエティウスを始め多くの人を悩ました「至善・全能なる神とこの世界における悪の存在は両立しえない」というジレンマないし難問であるが。むしろ「悪は存在の欠如である」という形而上学的洞察に達した者は、トマス・アクィナスとともに「もし悪が存在するなら、神は存在する」、と簡潔に答えることで右の難問が偽問題に過ぎないことを示すであろう。

しかし「もし悪が存在するなら、神は存在しない（なぜなら、悪の存在は無限な善である神と明白に矛盾するから）」ではなくて、「もし悪が存在するなら、神は存在する」という命題は「不条理だから信じる」と同様、極めて誤解されやすい言明である。そこで次に、悪の本質を徹底的に探求する者、つまりこの探求を中途で、安易な解決に逃れて放棄しない者は、必然的にこの命題に行きつくことになるのではないか、ということを示してみたい。

ボエティウスは『哲学の慰め』第一巻第四章で、威厳ある貴婦人の姿で現れた「哲学」に向かって自分が蒙った数々の不正や不運を訴える。そのなかで彼は「あなた（＝哲学）の弟子のなかのある者（エピクロス）が「もし神が存在するなら、悪はどこから来るのか。だが、もし存在しないなら、善はどこから来るのか？」と尋ねたのは理由のないことではありませんでした」と述べて、もし世界が全能で最高善である神によって創造されたのであるならば、その世界に悪が存在するのは不可解だ、と疑問を投げかけている。

この疑問をめぐる「哲学」とボエティウスの対話は第三巻第十二章に見出される。「『神が』と哲学は言った。『すべてを為しうることを疑う者はだれもいるまい。』『たしかにだれも』と私は言った。『精神が確かならばけっしてそれを疑いますまい。』『だが』と哲学は言った。『すべてを為しうる者が為しえないことは何もない。』『何もありません』と私は言った。『ところで神は悪を為しえないのではないか、そうだろう？』『決して為しえません』と私は言った。『それならば悪は』と哲学は言った。『無である、というのも、為しえないことがない御方がそれを為しえないというのであれば。』」

ボエティウスは「悪は虚無である」という哲学によって提示された結論が、非のうちどころのない論証によって到達されたものであることを認めつつも、それによってすぐに説得され、慰めを得ることはなかった。彼には哲学の議論は、「神が為しえないことは何もない」(Nihil est quod Deus facere non potest) という命題を「神が為しえないものは虚無である」と読みかえて、(神は悪を為しえないのであるから)「悪は虚無である」という結論を引き出す言葉の遊戯と映ったようである。

## †「私は知らない」――アウグスティヌスの回答

ボエティウスがこの段階では哲学が与えた答えに納得しなかったのは、彼がまだ哲学の答えの前提である「存在」と「善」(悪はそれの欠如)についての形而上学的認識に到達していないからである。そのことを明らかにするために、ボエティウスより一世紀ほど前のアウグスティヌスが悪の問題をめぐって行った探求を振り返ることにしよう。アウグスティヌスは『自由意思論』を、対話相手のエヴォディウスの「お尋ねします、教えてください。神が悪を造った御方ではないのかどうか?」という問いで始める。

この後でエヴォディウスが「われわれは悪を為すことを『学ぶ』とは言えないとすると、

どこからしてわれわれは悪を為すようになるのですか？」と尋ねるのに対して、アウグスティヌスは次のような感動的な答えを与える。「お前が尋ねているのは、ほんの若者だった私を烈しく駆り立て、疲れ果てさせ、異端者の群へ投げこみ、破滅させてしまった問題だ。この転落で私はひどくいためつけられ、空しいつくり話の巨大なかたまりに埋めこまれたので、真理を見出したいとの私の熱愛を神が聴きとどけて助けてくださらなかったならば、私がそこから逃れ出す探求のための第一の自由そのものを回復することはできなかっただろう。」

『哲学の慰め』では「もし神が存在するなら、悪はどこから来るのか？」という問いかけであったのが、ここでは「(もし神が悪の作者ではないのであれば) どこからしてわれわれは悪を為すようになるのか？」という問いに変わっている。しかし問題は同じであり、われわれはすべてのものが神によって創造されたことを信じ、しかも神は悪の作者ではないと信じている。しかし、もし罪という悪が霊魂に由来するものであり、そしてこれら霊魂が神からのものであるなら、どうして悪を神へと遡らせないですむのか、というものである。

この問題に関してアウグスティヌスは『自由意思論』のなかで詳細に論じているが、ここではその結論のみの紹介にとどめざるをえない。彼は悪とは意志が不可変な善（神）から離反し、可変的な諸々の善きものへと転向することであると述べた後で、この「主なる神からの意志の離反」は疑いもなく罪であるが、われわれは神が罪の作者であるとは言えない。ではこの（離反という）運動が神からではないとしたら、どこから来るのか、と問う。

そしてこの問いに対するアウグスティヌスの答えは、（対話相手の）エヴォディウスのみでなく、後世の読者すべてを失望させる「私は知らない」であった。なぜ「私は知らない」と言うのか。アウグスティヌスの答えはその単純さでわれわれを驚かせると同時に、思考の根本的な転回を迫る力を秘めている。「罪であるとわれわれが確認した（神からの）あの離反の運動は、欠陥的運動であるが、すべての欠陥は虚無から来るものである。そして虚無であるものは知られえないからだ」。

アウグスティヌスは『自由意思論』（三九五年）よりも十年前、ミラノでカトリックに回心した直後、ミラノの近郊カシキアクムで友人たちと洗礼準備のための共同生活を送る間に一連の対話的著作を書いたが、その一つ『ソリロキア（独白）』（三八六年）の中で、すべての悪の究極にあるのは虚無だ、という右の言明を理解するための手掛りを与えている。それは「神は、真実に在るものへと逃れる僅かな人々に、悪は虚無であることを示し給う」という、創造の視点からの悪の問題への応答である。

「創造の視点」とは、すべて存在するものは、神によって創造されたものであるかぎり、根源的に善いものとして肯定されている、ということである。創造主である神の目に映るものはすべて善い——聖書のこの教えは、神の目で世界を見ることのできないわれわれにとっては測り難い神秘である。しかし、この神秘を何らかの仕方で受け容れ、肯定しないかぎり、われわれが「悪」に対して抱く「在ってはならないもの」「為してはならないこと」という根本的直観は遂に説明できないものにとどまるのではないか。それゆえ、すべてのものを「善し」と見る神の目には「悪」は虚無なのである。

実際に、アウグスティヌスは「私は知らない」という答えを発する前に、その答えを意味があるものとするために不可欠な、詳細で精密な神の存在論証を提示した。つまり、神は確かに存在すること、すべての善いものは神から来ること、われわれがそれによって罪を犯す自由意思は神によって創られたものであるかぎり善いものであること、を論証によって示したのである。この論証が十分に理解されているならば、悪の起源を自由意思を超えて遡らせることができないことは明白であり、そこから「私は知らない、なぜならそれは虚無だから」という答えしかありえないことも理解されるはずだ、とアウグスティヌスは考えたのである。

## †存在全体の原因探求を――トマスの批判

神は悪の原因であるか、という問題に関してカトリシズムが一貫してとってきた立場は、すべて存在するものは神によって存在し、すべて善きものは神から来るのであるから、われわれは神が意図的に悪を生ぜしめることはないことを知っている、というものであり、それ以上でもなければ、それ以下でもない。

トマス・アクィナスはこのことを明確に示すために、「神という最高善が悪の原因であるか」という問いに続いて「すべての悪の原因であるような一つの最高悪があるか」と問う。そして諸々の悪の第一根源である最高悪（summum malum）は存在しえないことを、①何ものも自らの本質によって悪ではありえない、②悪は必ず善を基体・担い手として存在する、③悪は第一原因たりえない、という三つの論拠からして論証しているが、ここで指摘したいのはむしろトマスの次の主張である。

彼によると、善、悪という二つの第一根源を主張する論者の誤謬のもとは、創造の問題の場合と同じく、存在全体の全体的・普遍的原因まで探求を進めることができず、単に諸々の特殊的結果の特殊的原因を考察するにとどまり、その段階で事物の善悪を判断したことであった。つまり対立的な二つの特殊な結果に対応する二つの特殊な、互いに対立する原因をつきとめるにとどまって、そこからさらに、それら両者に共通する一つの原因を見出すところまで探求を徹底させなかった、というのである。

このトマスの批判は、悪を善の、したがってまた存在の欠如として捉える立場を、楽天主義あるいは悪の現実から目を背ける態度として斥ける論者に再考を迫るもの、と解することもできるであろう。というのも、善と悪をどこまでも対立的な根源ないし実在として捉え、最終的には悪の第一根源としての最高悪・根元悪の存在を主張することは、悪の現実を直接的かつ切実に経験し、その本質をより十分に捉える立場のように見えて、実は悪の本質、原因の探求を中途で放棄するものであることをつきとめているからである。それというのも悪の理論的解明は善に基づいての他は為されえないように、悪の実践的解決も最終的には善の力による他はありえないからである。

悪の本質を適切に探求するためには、われわれは善とは何であるかを知っているという思い込みをきっぱりと断ち切って、諸々の特殊な善いものから出発して、善そのものへと近づくという試みを徹底的に進めなければならない。われわれが自らの罪を罪として真実に自覚するのは、限りない慈しみをもって罪を赦す神の愛、すなわち善性（bonitas）そのものである神の本質に触れることによってであるように、われわれが善の欠如としての悪の本質に目が開かれるのも、善そのものという高みに到達することによって初めて可能となるのである。

### †悪が存在するなら、神は存在する

「悪はどこから来るのか」という問いをめぐる議論の要点は、悪は人間の自由意思を含めて、諸々の有限な第二次原因にその起源を有するのであって、それを超えてさらに悪の「原因」をつきとめようとする試みは、悪の本質を見失い、悪の問題の回避に終らざるをえない、ということである。悪の本質についての形而上学的洞察を欠いたまま、その起原を第一原因である神にまで遡らせようとすると、最高善である神と「悪を為すこと」との矛盾に直面し、悪を幻想として斥けるか、神の存在を否定するかというジレンマに陥らざるをえない。

「もし神が存在するなら、悪はどこから来るのか」という問いは、確かにこの世界を満たす甚だしい悲惨、堪え難い不正を前にしての人類の永遠の歎きであるが、哲学的にはこの問いは「どこから」と問うことが空虚で無意味な虚無、もしくは単純な否定に他ならないものを、実在と取り違えたことに基づく偽の問いにすぎない。

このことの洞察に基づいてトマス・アクィナスは「もし悪が存在するなら、神は存在する」(Si nalum est, Deus est) という信じ難いほど単純・大胆な答えで、この問いそのもの

が空虚であることを示したのであった。前述のように、これは一見、逆説あるいは警句に過ぎないと誤解されそうであるが、実は「悪は善あるいは存在の欠如である」という形而上学的な根本原理を言い換えたものである。

つまり、悪が善の欠如であることを、困難で精妙な形而上学的探求によって明確に認識した者にとっては、もし善の秩序が取り去られたならば悪も消失せざるをえないことは、それこそ自明の理である。ところが悪は明白に存在するのであるから、善の秩序を創りだす第一原因たる神が存在することも確実だ、というのである。

## 5　創造と日本的霊性

### †創造主なる神という躓きの石

「天地の創造主、全能の父である神を信じます」というキリスト教基本信条の最初の言葉で、全能・至善の神に帰せられる天地万物の無からの創造という教えは、これまで数多くの誤解と偏見にさらされてきた。その中でも最悪の誤解は、創造の行為を「無限・全能」

という言葉と結びつきがちな、何か想像を絶する巨大な力《ちから》や物理的エネルギーの発現ででもあるかのように思いこむものである。そしてそのような創造主である神を、限りない慈しみをもってわれわれ人間の罪を赦し、自らの生命《いのち》の交わりへと招き入れ、友として自らの至福をわかち合うことを望む救い主である神から分離するような誤解だろう。

そしてこの誤解こそ、キリシタン時代から今日に到るまでカトリシズムと日本文化との真実の出会いを妨げてきた原因の一つではないか、というのがここまでこの書物で行ってきた考察から浮かび上がった一つの見通しである。

ではなぜ「私はある」という自らの名を預言者モーセに告げることによって、すべての在るものの存在の第一根源、すなわち創造主であることを啓示した神と、「憐れみ深く恵みに富み、忍耐強く慈しみとまことに満ち……罪と背きと過ちを赦す神」という自らの本質を同じ預言者モーセに告げることによって救い主であることを啓示した神とは同じ神である、という聖書の明白な教えが、キリシタン時代から今日に到るまで、この国で受け容れられず、正しく理解されないのだろうか。

この問題については色々な理由を挙げることが可能であるが、私は根本的には創造を厳密に神の働き、ないし行為として理解することの困難さを指摘したい。創造を目に見える可変的な世界を研究するのに適した自然学（Physica）ないし宇宙論の主題であるかのように説明しようとする試みは論外として、哲学的にも「信仰のみによって」肯定すべき事柄を経験的明証によって確証したり、理性的に論証しようとする立場は中世スコラ学においても稀ではなかった。

しかし、神の働きとしての創造は神の救いの業と同じく、神の内的生命の発現であり、いわば神の知恵と愛の派遣（missio）であるから、三一なる神という信仰の神秘を可能な限り知的に理解することを通じての他は、全く不知なるものにとどまらざるをえない。ところがこのような神学的探究は、わが国ではキリシタン時代以来本格的に行われなかった――その必要性を強調した先覚者は存在したにもかかわらず――ということが、創造主なる神という教えが躓きの石であり続け、創造主なる神と救い主なる神の同一性が正しく理解されることを妨げた最大の理由ではないだろうか。

## †日本的霊性とカトリシズムが共有するもの

ところでこれまで繰り返し指摘したように、神の働きは神の実体ないし本質と同一であるから、無から万物を創造する神の創造の働きとは何であるかを理解するためには、以下のことを（信仰に導かれて）認識することが何より必要である。すなわち、最高に一である神においては父、子、霊という三つのペルソナが区別され、神はこれらペルソナの間の知恵と愛の交わり——神の内的生命——へとわれわれ人間を招き入れることを望む慈しみと恵みに満ちた神であり、この限りない慈しみこそ神の本質である、ということである。

　さらに慈しみこそ神の本質であることは、とりわけ神がわれわれ人間の罪を贖い、救いを成就するために人間となり給うたという受肉の神秘において啓示された。実にイエス・キリストは神の慈しみ深さをこの上なく明らかに示すためにわれわれ人間の間で生き、十字架の死に到るまでわれわれを愛しぬかれた、と言えるのである。

　このように、これまではカトリシズムと日本文化との真実の出会いを妨げる躓きの石であった創造主なる神、ないしは神による無からの万物の創造という教義は、われわれがその正しい認識を目指して神学的探究をおし進めることによって、創造という神に固有な働きの根源には神の本質としての限りなき慈しみがあることをつきとめた暁には、カトリシズムと日本文化とを親密に結びつける絆となりうるのではなかろうか。なぜなら、第一章の終わりで述べたように、日本的霊性の顕著な特徴である徹底的な絶対者の内在の肯定は決して安易な現世主義や楽天観ではなく、絶対者の極めて根元的で徹底した探究に根ざすものであるとすれば、そのような日本的霊性は深いところでカトリシズムと絶対者（神）についての洞察を共有している、と思われるからである。

　日本的霊性とカトリシズムの本質との根源的な親近性を示唆することは単なる思いつき、

あるいは希望的観測として一笑に付されるかもしれない。しかし私はわが国の精神文化、思想的風土の特徴とも言える、西洋文化の根幹ないし基底にあるものへの強烈な知的関心――卑近な話で申し訳ないが、私が国際中世哲学会の理事であった頃、欧米の同僚たちに日本には数百人を下らない西洋中世文化・思想の研究者がいると告げた時、驚嘆の反応を示さない者はなかった――を考慮に入れるならば、この私の見解は必ずしも根拠を欠くものではないと考えている。

さきに触れた日本的霊性の顕著な特徴である絶対者の内在の徹底的な肯定は、絶対者の限りない超越性を深く自覚することに基づくものであり、その意味で西田幾太郎は絶対者の真の超越を「内在的超越」と呼んだのであった。

ところで、限りなく超越的な絶対者の（世界への）内在は、絶対者の自己否定による他はありえないのであり、そのような絶対者が絶対者であることの決定的な証しである自己否定を鈴木大拙は「絶対者の無辺の大悲」と呼んだ。そしてカトリシズムが一貫して保持し、伝えてきた神の本質・本性――「絶対者が絶対者であることの決定的な証し」――である限りない慈しみ、正義を超え、完成する罪の赦しにおいて示される慈悲と愛は、まさしく日本的霊性の神髄とされる「絶対者の無辺の大悲の光の中にわが身を投げ入れ、この大悲に摂取される」ことにつながるものではないであろうか。

第五章

# キリストは何者か

## 1　歴史のイエスと信仰のキリスト

### †「聖書のみによって」出会う「歴史のイエス」

「歴史のイエス」と「信仰のキリスト」という一対の言葉は、おそらく読者の多くに親しみ深いものであり、その意味はとくに聖書および神学的問題の歴史的背景を知らなくても、言葉からして判断できると思う人が多いかもしれない。

つまり「歴史のイエス」と言えば、彼が生まれた頃のローマ皇帝カエサル・アウグストゥス、「ユダヤ人の王」と崇められるイエスがユダヤのベツレヘムで誕生したと聞いてベツレヘム地域のすべての嬰児を皆殺しにしたユダヤのヘロデ王と同様に歴史のある時期にある場所で生まれ、地上に何らかの歴史的足跡を残した一人の人間としてのイエス。

そして「信仰のキリスト」はイエス・キリストによって設立された教会が、イエスの死から数世紀の間にイエスの直弟子であり後継者とされた使徒達から伝えられた教え――「使徒的伝承」(traditio apostolica)――に基づいて確定した教義《ドグマ》に従って信者たちに提示した、信仰の対象としてのイエス・キリストである、というのが一般に受けいれられている見解であろう。

ところで、このような「歴史のイエス」と「信仰のキリスト」という概念的区別がごく明瞭で理にかなっているように見えて、実はそうではないことは後で述べることにして、さしあたりの問題はこの二つの前後関係であろう。

普通、この二者のうちで最初に来ると想定されるのは、使徒たちの時代から宗教改革の前夜まで「信仰の遺産」の固守を第一の使命にしてきた教会が、権威をもって信徒たちに教えてきた「信仰のキリスト」である。そしてそれに続くのが、そのように教義《ドグマ》によって形式化され、血が通わなくなったキリストに代わるものとして、ルターを始めとする改革者たちが提唱した「聖書のみによって」(sola scriptura) われわれが自らパーソナルに探し求めて出会う「歴史のイエス」だ、というのが一般に受け入れられた前後関係であると思われる。

### †「聖書のみ」の「聖書」とは何か

この見解は信仰の対象としての教義《ドグマ》、そしてその教義《ドグマ》を神聖、不可変なものとして保持し、権威をもって教える教会という制度を無用なものとして斥け、聖書のみがわれわれとキリストとの出会いを可能にするという宗教改革の立場を是認する限り、ごく自然で妥当なものと受け取られるかもしれない。しかし教義《ドグマ》や教会がキリスト信者にとって必要か否かの議論はひとまずおいて、「聖書のみ」の主張を吟味してみると、そもそも聖書の成立の歴史そのものがこの主張の問題性を示していることがわかる。

なぜなら、こんにちわれわれが「聖書」と呼んでいる『旧約』と『新約』を含む諸々の書物のリストはいかなる手続きを経て検討され、また確定されたのか、と問うことにより、「聖書のみ」の主張は崩れてしまうからである。というのも、『聖書』、つまり聖なる書物は聖なる教えであり、神自らが教えて下さる言葉を記した書物である。言いかえると、聖書の真実の著者・作者は神であることは確かである。

だが現実にある人間(一人にせよ複数にせよ)が人間の言葉で書き記した書物の真正の著者は神である、との主張はどのように根拠づけられるのか。神の霊感(inspiratio)によって導かれ、動かされた、あるいは何らかの徴《しる》しによって真正の神的啓示であることが確証された、その他いかなる議論に訴えるにしても、人間の側に神が真正の著作者たることを立証するに十分な根拠はないのであるから、結局のところ信仰の問題に帰着せざるをえない。

したがって真実の聖書——「正典(Canon)」——のリストの確定はキリストが自ら「信

仰の遺産」を委託された教会のみが為しうることであり、実際に旧約と新約の聖書全体の正典目録が確定されたのは一四四二年フィレンツェ公会議においてであり、しかもこの正典目録が公式に確定されたのは宗教改革運動に対処するために招集されたトリエント公会議（一五四二〜六四年）の第二会議（一五四六年）においてであった。

### †「歴史のイエス」と「信仰のキリスト」は切り離せない

このように見てくると、問題は教会の教義《ドグマ》によって固められた「信仰のキリスト」か、聖書のみに基づく「歴史のイエス」か、という対立ではない。むしろそこに見出されるのは「教会の信仰」に基づいてイエス・キリストに近づき、出会いを実現するか、個人として聖書を読み、できる限り研究し、人間イエスの生涯と教えを深く学ぶことによって形成された「私の信仰」によってイエスがキリストであるとの信仰に到達する道を選ぶか、という二者択一であるように思われる。

この二者の前後関係と言えば「私にとってのイエス」という意味での「歴史のイエス」をつきとめようとする試みは、教義《ドグマ》としての「信仰のキリスト」を明確に示そうとする試みに先立って数多く存在したのであり、近年精密な研究の対象となった多数のグノーシス文書もその種の「歴史のイエス」が対象であったのである。

そもそも「歴史のイエス」と「信仰のキリスト」を、真実のイエス・キリストに近づくための方法論的仮定としてであっても、切り離すことは無意味であり、不可能なのである。なぜなら、「歴史のイエス」が完全にこの絶えず変化する物理的世界の一部分として生き、死んだ「ただの人間」(homo purus) であることを意味するのなら、そのイエスがどのように美しく深遠なことを語り、いかに驚歎すべき業を為したとしても、否、最大の讃美と驚歎を呼び起こす生きざまであればあるほど、「歴史のイエス」へのわれわれの関心は雲散霧消せざるをえないからである。

というのも、それらの言葉や業はイエスの神性を始源とし、またその目的もイエスの神性を示すものであって始めて意味のある徴しなのであるから、イエスが「ただの人間」であるのなら、彼は類い稀な魔術師か地上最悪の詐欺師である他ないからである。

これに対して、実証的な科学的知識を重視する現代においては、実証的な科学の批判に堪えうる「歴史のイエス」の実像にできる限り近づくことから始め、そのような科学的探求の進展のなかで、「ただの人間」イエスという仮定ではどうしても説明することのできない事実的状況に直面したならば、イエスの神性をも射程に含めたキリスト論に移行するという選択肢もありうるのではないか、と主張する論者がいるかもしれない。

しかし、超人間的としか言い様のない要素が人間イエスにおいて確認されたことに理論的に対処するために導入される「神性」は、どこまでも何らかの結果を説明するために措定される原因としての神性である。したがって、われわれが神的啓示を信じることによってのみ手にすることのできる神の「何であるか」の認識ではない。

それは例えばイエスが「私はある」という名を自らのものと告げることによって示そうとした神性とは全く次元を異にすると言わなければならない。もしそこで啓示に基づくキリストの「神性」を受けいれるのであれば、「歴史のイエス」の探求から出発するという立場を根本的に放棄することから再出発しなければならないであろう。

### †「キリストは何者か?」という問い

端的に言って、「キリスト論」を「信仰のキリスト」と「歴史のイエス」、あるいは「上からのキリスト論」と「下からのキリスト論」とに区別することが問題であり、この二つを分離することはキリスト論そのものの否定なのである。キリスト論の全体がそれを巡って展開される中心的な問い「キリストは何者か?」は、「ただの人間」について投げかけられる「キリストは誰か?」という問いの次元にとどまるものでは決してない。

「キリストは何者か?」という問いは、われわれが自らの究極的関心として「わたしはどこから来て、どこへ行くのか?」と問う時の「どこから」をキリストに向けて「貴方はどこからの者か?」と問うことだ、と言えるかもしれない。それはまさしく「宗教的な」問いであり、実証的な科学の領域で取り扱われる「問題」と同次元に扱うことはできないのである。

したがって、いかに独断的ないしは独善的な主張のように響こうとも、聖書に基づいて自らのキリスト論を構築しようとする者は、初心者が教師から学ぶことを真実に望むなら必ず教師を信じてその言葉に耳を傾けることから始めなければならないように、教える神の言葉、すなわち聖書がイエス・キリストについて告げる「信仰の真理」を信じることから始めるべきであろう。

デカルト以後の近代哲学においては人間的認識を意識の領域(観念の道)に閉じこめる傾向が支配的であるが、現実に即して認識は実在を目指すという認識活動の本来の目的と合致する立場を回復した場合、人間的認識は認識する私が存在し、生きていることを始めとする、実在の領域に関する基本的な真理を「信じる」ことから出発せざるをえないことは否定できない。そして宗教の事柄に関する問いに関しては、当然のこととして問う者である私には探求に応《こた》えて示されるであろう信仰の真理を受け取るにふさわしい精神的態度が要求されるのであり、それが「信仰」にほかならない。

キリスト論はキリスト信仰に始まって、キリスト信仰をまさしく信仰として完成する

「信仰の知解」としての神学的探求以外の何ものでもない、というのがさしあたっての結論である。

## 2　イエスの「秘密」

### †イエスの存在そのものの起源

イエスの「秘密」という言葉は、言うまでもないことだが、好奇心（＝覗《のぞ》き見趣味）と結びつくようなこととは何の関わりもない。そうではなく、イエスはその公的生涯を通じて、後にローマ総督ピラトに宣言されたように、真理をあますところなく宣《の》べ伝えることに専念され、とりわけ自らが何者であるかを弟子たちが悟ることができるよう配慮されたのだが、そのイエスがどれほど弟子たちと共有することを切望してもできないことがあった。ここでは、仮《かり》にそれをイエスの「秘密」と呼ぶことにしたのである。

イエスの「秘密」は彼が地上の生活で何をしたか、どんな出来事に出会ったか、といった事柄ではなく、彼の「存在」に関わることであって、まさしく「キリストは何者か」という問いの核心にあたるものである。さきにこの問いは「貴方はどこから来たか？」と問うことと同じだ、と述べたが、それはまさにローマ総督ピラトによって発せられた問いであった。ピラトはもちろん自分が取り調べている囚人の素性、経歴を熟知しているはずであるから、この「どこから」はユダヤ、サマリア、ガリラヤの地名を指すものではなく、神秘に包まれているイエスの存在そのものの起源へと向けられていたと考えるべきであろう。

イエスはこれに対して、さきにファリサイ派の人々に「あなたたちは、わたしがどこから来てどこへ行くのか知らない。……あなたたちはこの世に属しているが、わたしはこの世に属していない」と答えたのと同じ答えを与えることもできたであろう。しかし取り調べの前の段階でピラトが真理については無関心であることをあからさまに示していたので「イエスは答えようとされなかった」と福音書記者は記している。

## †イエスが弟子に伝えたかったこと

イエスの「秘密」という考え方に対しては、そのような見方は福音書に記してあることと明白に違う。イエスは自分がどこからの者であるか、何者であるかを弟子たちが明確に悟ることを望み、実際にこの上なく明白に教えておられるではないか、という反対論が向けられるであろう。

イエスは繰り返し、いつも「父」と呼びかける慣《なら》わしである真《まこと》の神から自分が遣《つかわ》されたこと、そして自分と父は一であることを公《おおや》けに宣言する。とりわけ、決定的に響くのは「永遠のいのちとは唯一の真《まこと》の神であるあなたと、あなたがお遣しになったイエス・キリストを知ることとです」という天を仰いでの宣言である。

弟子たちも最後の晩餐に続くイエスの弟子たちに対する親密な語りかけを聴いて、「あなたは今、はっきりお話しになって、少しもたとえをお使いになりません。……これによって、わたくしたちは、あなたが神から出てこられたことを信じます」と明言している。

かつてイエスの「あなたたちはわたしを何者だと言うのか」という弟子たちへの問いに対して「あなたは生ける神の子メシアです」と信仰告白をしたペトロは、(多くの弟子たちを躓《つまず》かせ、イエスから離れ去るもととなった)「わたしは天から降ったパンである。このパンを食べる者は永遠に生きる」というイエスが神からの者であることを示す明白な証言に対しても「あなたは永遠のいのちのことばを持っておられます。わたしたちは、あなたが神の聖なるかたであることを信じ、また知っています」とイエスの神性を確信しているかのような応答をしている。

このように見てくると、「イエスの秘密」つまり「イエスは何者か」というイエスの存在そのものにかかわる問いの核心であると思われるイエスの神性（イエスは上なる神からの者であり、真《まこと》の神である父と一であるとの意味で）は、実はイエス自身が弟子たちに、そして弟子たちを通じてすべての人に伝えることを望んだ真理であり、また実際にイエスはこの真理が正しく伝えられるよう、あらゆる手だてを尽くしたように思われるのである。

### †イエスはなぜ「神の子」と自称したか

そのことを最も明瞭に示しているのは、イエスがかつて預言者モーセに告げられた神の名「わたしはある」は自らの名である、と繰り返しユダヤ人たちに公に主張したことであろう。イエスがユダヤ人たちに対して「はっきり言っておく、アブラハムが生《う》まれる前から『わたしはある』と宣言したのに対して、ユダヤ人たちは石を投げて打殺そうとしたが、それは明らかにイエスが人間でありながら自分を神としたからであった。イエスは自らの神性を顕示することを望んだのであり、ユダヤ人たちにイエスの意図は十分伝わっていたのである。

それだけではなく、イエスは自分が「わたしはある」という名に相応《ふさわ》しいこと、すなわち自らの神性をただ我武者羅《がむしゃら》に主張したのではない。むしろ「事が起こったとき『わたしはある』ということをあなたがたが信じるようになるため」あるいは「あなたたちは人の子を上げたときに初めて『わたしはある』ということ……が分かるだろう」などの言葉が暗示しているように、十字架の死という犠牲《いけにえ》を献げることによってイエスが救いの業を成就するのを見て、ユダヤ人たちがイエスの神性を信じ、そして悟ることを予期していたと考えられるのである。

つまりイエスは自らの神性をユダヤ人たちが信じ、受けいれることは困難であることを十分承知した上で、敢えてこの真理を明示することが救いの業の成就にとって不可欠であると判断した、と見るべきであろう。

イエスはこの他、数々の言葉と業によって自らが神からの者であり、真《まこと》の神である父と一であることを顕示しようと努めており、その意味で自らの神性を隠すことは決してしなかった、と言えそうである。

例えば、風と湖を一声叱りつけることで嵐を静めた奇跡は、弟子たちに「このかたはどういうかたか」という驚歎を起こさせるのに十分であったし、死者を生き返らせ、栄光の姿に変容して預言者モーセやエリヤと語り合うという奇跡はイエスが神からの者であることを弟子たちや人々に信じさせるのに十分であった。さらに人の子、すなわちイエスは安息日の「主」であるとの発言や、神のみが有するとされる罪を赦す権限を自らのものとするなど、イエスが自らの神性を顕示することを望んだことを暗示する事例は福音書の到るところに見出される、と言っても過言ではない。

実を言うと、イエスを十字架にかけて死刑にするというユダヤ人の最高法院《サンヘドリン》が下した判決に明記された理由は、イエスが神の子と自称することで冒瀆の罪を犯した、というものであり、しかもイエス自身が最高法院における裁判のなかで自らに着せられた罪を裏書きする発言をしたのであってみれば、イエスが自らの神性を顕示することを望んだことについて証拠のようなものを挙げる必要は最初からなかった、と言えそうである。

### †イエスはなぜ山でひとりで祈ったのか

それにもかかわらず、私は「キリストは何者か」という問いに正面から適切に答えるためには、イエスにはどれほど弟子たちと共有することを切望しても、それができないようなことがあったと認めるべきだ、と考える。それをイエスの「秘密」と呼ぶことが許されるとしたら、私はこの「秘密」に私たち人間の力が及ぶ限りで適《ふさ》わしい場所を与えることは、福音書のイエスを真実に理解するために大いに意味のあることではないかと考えている。

私は(旧制)高校時代に兄から渡されたエルネスト・ルナン『イエス伝』(原著 *Vie de Jésus*, 1863)とカール・アダム『キリストの真相』(原著 *Jesus Christus*, 1933)を読んで、この二つのイエス伝・キリスト論の間の著しいコントラストに驚いて以来、様々なイエス伝・キリスト論を読む機会があった。しかし私が記憶する限り、それら多くの著作のなかで、ここで「イエスの『秘密』」の名の下に私が述べようとすることに言及しているのはヨゼフ・ラツィンガー（教皇ベネディクト十六世）『ナザレのイエス』（原著 *Jesus von Nazareth, I, Herder,* 2007）のみであった。

ラツィンガーは、私が「イエスの『秘密』」と呼んだ問題について述べる前に、福音書のイエスを正しく理解するために極めて重要と思われる指摘をしている。それはイエスが「神と面と向かって、単に友としてではなく、子として生きた……彼は（真《まこと》の神である）父との内的な一致において生きた」ことを現実の歴史の出来事として認めることが、福音書において出会われるイエスの姿を現実のものと理解するために不可欠だ、という指摘である。彼は言う。「イエスの教えは人間からのものではありませんでした。それは父との直接のふれあい、「顔と顔と」向き合っての父との対話から来るものです。父のふところに憩う者の直観から来るものです。それは子の言葉です。」

このような前置きに続いて、ラツィンガーは「イエスの『秘密』」に触れて次のように述べている。「イエスを理解するには、イエスが『山に』引きこもり、夜を徹して祈り、父とともに『ひとりで』いたという、繰り返し語られる書き込みが重要です。この短い書き込みはイエスの神秘のヴェールを少しばかり開いてくれ、イエスの子としての実存、彼の行動と教えと苦しみの源泉に私たちを導いてくれます。イエスのこの『祈り』は子の父との語らいです。イエスの人間としての意識と意志、人間としてのイエスの魂はこの祈りに吸い込まれてゆき、人間としての『祈り』は、子としての父との交わりへの参入となることが許されるのです」。

ここで「イエスの神秘のヴェールを少しばかり開いてくれ」という表現の意味を正しく理解する必要がある。われわれが普通「歴史のイエス」で理解しているのはナザレの住民たちが「この人は大工、マリアの息子、ヤコブ、ユダ、ヨセ、シモンの兄弟、姉妹たちもわれわれと一緒に住んでいる」また「この人はヨセフの子ではないか」と語り合っていたイエスである。しかし、ラツィンガーは福音書のイエスを真実に理解するためには、彼が子として(真実の神である)父との内的な一致において生きていたという「神秘」を認めることが不可欠であり、そしてイエスがしばしば「ひとりで」いることを選んだ、つまり弟子たちにさえ明かすことのできない「秘密」を抱えていたという聖書の書き込みはこの「神秘」のヴェールを少しばかり開いてくれる」と言うのである。

### †弟子と共有できなかった「秘密」

たしかに四つの福音書すべてに「イエスは祈るために山にお登りになった。夕方になってもただひとりそこにおられた」「朝早くまだ暗いうちに、イエスは起きて、人里離れた所へ出て行き、そこで祈っておられた」「イエスは人里離れた所に退いて祈っておられた。」「イエスはひとりでまた山に退かれた」などの書き込みが見られる。おそらくほとんどの読者がこれらの箇所を「あなたがたは祈るとき、奥のへやに入って戸をしめ、隠れた所においでになるあなたの父に祈りなさい」と勧められたイエスは、自らもひとり隠れて祈ることを大事にされたのだ、と読んだのではなかろうか。

ラツィンガーの指摘にもかかわらず、この聖書の書き込みが、イエスは子として父なる神との内的な一致において生きていたという「神秘」のヴェールを少しばかり開いてくれると感じる人はむしろ少ないと思われる。

しかし私は、イエスが子として父なる神との内的な一致において生きていたことは、イエス自身がユダヤ人たちに公言しているのであるから、ラツィンガーの指摘をもう一歩進めて、イエスがただひとり、しかも人里離れたところに退いて長い時を過ごすことを選ばれた、という福音書記者の言葉のうちに、イエスが弟子たちと共有することを切望しつつも、地上の生においてはそれを果たすことができなかったもの、その意味でのイエスの「秘密」を読み取ることが許されるのではないかと考える。

私にそのように考えるきっかけを与えてくれたのは、これも高校時代に兄が「この書物の著者は、日本ではあまり知られていないが、お前が学校で勉強しているデカルトやカントよりもずっと深いことを語っているようだ」というコメント付きで渡してくれたG・K・チェスタトン『正統思想』（原著 *Orthodoxy*, 1908）であった。

チェスタトンはその後、文字通り私の枕頭《ちんとう》の書になって今日に到っているが、私は彼の愛読者であって、研究者ではないので「イギリスの詩人、著述家」で「ユーモア、諷刺、機知、逆説を特徴とする作風が二十世紀初頭の読書界に歓迎され、詩、批評、小説などの分野で目覚ましく活躍」したギルバート・キース・チェスタトン（一八七四〜一九三六）について紹介や評価の言葉を述べることは控える。

## †永遠の生命という至福の喜悦

チェスタトンが私に「イエスの『秘密』」について改めて考えるきっかけを与えてくれた言葉は『正統思想』末尾の次の一節である。

「歓喜、それは異教徒にとってあまり目立たぬものであったが、キリスト信者にとってはすごく大きな秘密なのだ。

ところでこの混沌たる書物を結ぶにあたって、私は再びキリスト教の全てがそこから来たあの奇妙な小さい書物を開く。すると私はまたもや一種の確信にとりつかれる。四福音書を満たすあの物凄い人物は、他のあらゆる面と同じく、この面でも、自分たちは高いのだと思ったことのあるあらゆる思想家を超えて聳《そび》え立っている。彼の情感は自然で、ほとんど気楽と言えるほどだった。昔も今もストア主義者は彼等の涙を見せないのを誇りにした。しかし彼は決して涙を隠さなかった。彼は例えば故郷の都が遠くに見えた時のように、どんな日常の眺めにも自分の頬につたわる涙をあからさまに示した。

しかも彼は何事かを秘めていた。威厳ある超人や堂々たる外交達人は自分たちの怒りを抑制することを誇りにする。彼は決して自分の怒りを抑えなかった。彼は神殿の正面階段から（商売人たちの）机や椅子を投げ落とし、人々にお前たちはどのように地獄行きを免れるつもりか、と問いただした。

しかも彼は何事かを抑え込んでいた。私は崇敬をこめて言うのだが、あの激烈な人柄のうちには一筋のはにかみとしか言えないものがあった。彼が祈るために山に登ったとき彼がすべての人間から隠した何ものかがあったのだ。彼が突然の沈黙あるいは過激な孤独によって絶えず包み隠していた何ものかがあった。神がわれらの地上を歩み給うた時、彼にはわれわれに見せるにはあまりにも偉大な何か一つのものがあったのだ。そして私は時折、それは彼の（父なる神とともにする至福の）喜悦《きえつ》だったのでは、と想ったのだ。」

ここで「喜悦」とかりに訳したmirthという言葉は、私自身実際に使いこなしたことがないので、チェスタトンが正確にどんな意味で使っているのか言うことができない。しかし文脈からして、私が括弧内の言葉で補ったように（人となった神である）イエスと父なる神とを一つに結びつけていたペルソナ的な知恵と愛の交わり、すなわち永遠の生命とも至福とも呼ばれる喜悦《マース》と解してよいであろう。

つまり、ここでチェスタトンは人間イエスの内面を心理学的に解明しようとしているのではなく、三位一体なる神という信仰の神秘の光の下で理解しようと試みているのである。彼が言いたかったのは、イエスは限りなく慈しみ深い父なる神から遣わされた子、すなわち「人となった神」という信仰の神秘を、自らの言葉と業によって可能な限り弟子たちに伝えたのだが、自らが父なる神と共有する永遠の生命という至福の喜悦を（ここ地上の生においては）決して伝えられなかったということであった。そして私はそれを「イエスの『秘密』と呼ぶことにしたのである。

私は神学者ではなく、まして聖書学者ではないから、これは「信仰の知解」をほそぼそと続けてきた「スコラ哲学者」の胸に浮かんだ思いに過ぎないかもしれない。しかしこの思いは、次に述べようとする「キリストの神秘」の探求へと向けての心の準備として大事なものではないか、と私には思われるのである。

## 3　キリストの神秘

### †神秘とは何を指すか

「イエスの『秘密』」の次に「キリストの神秘」という標題が出てきて戸惑う読者が多いかも知れない。この二者の関係は、イエスが弟子たちと共有することを切に望んだにもかかわらず、地上の生においては遂に秘められたままにとどまらざるをえなかった「秘密」がここで取り扱おうとする「キリストの神秘」にほかならない、と要約できるであろう。

「神秘」と一般的に言えば、われわれが「神」と呼ぶ実在そのものを指しており、何よりも三位一体なる神に関する神の啓示に導かれて、「信仰の知解」という仕方でその探求を進める道が開かれている「信仰の神秘」である。しかし「キリストの神秘」は、キリストは真《まこと》の神であると同時に真の人間である、という「信仰の神秘」であり、「神がわれわれの救いのために人間となられた」受肉の神秘（mysterium incarnationis）である。

それゆえ、この「信仰の神秘」の知的な探求においては、三位一体なる神、すなわち唯一なる神における父、子、霊の三つのペルソナの区別、およびそれらペルソナの知恵と愛の交わり、すなわち神の内的生命という信仰の神秘に基づきつつ、父から生まれた永遠の言《ことば》なる第二のペルソナが人間本性を受容して真《まこと》の人間となるのはいかにしてであるかを探求しなければならない。

## †受肉の神秘とは何か

では「神がわれわれの救いのために人間となられた」受肉の神秘、トマス・アクィナスが神の「最も驚くべき不思議な業」(opus mirabilissimum) と呼び、しかもそれは神の本質ないし神の本性そのものを示す「神にふさわしい業であった」と言明する「キリストの神秘」は聖書のどこに記録されているのか。この問いに対する答えは極めて明白であり、『ヨハネ福音書』第一章第十四節「言《ロゴス》(すなわち「初めにあった、神とともにあった、神であった、万物は言《ロゴス》によって成った」と言われる言《ことば》) は肉となって、わたしたちの間に宿られた」がそれである。

この見解に対しては、『ヨハネ福音書』第一章第一―十八節の通称「プロローグ」はヘレニズム圏の読者のための「序文」であって、キリスト教のヘレニズム化を示すものだというハルナックの解釈に与《くみ》する論者からの激しい反論が予想される。しかし私は「序文」

の正体は当時のキリスト信者の心に刻みつけられていた「キリストの神秘」が讃歌の形で表明された信仰告白であって、福音書記者はこの信仰に基づいて福音書の全体を書き記した、と解すべきだと考えている。

確かに聖書のどこにもイエス自身が「わたしは人類の救いのために人間となった神の永遠の言《ことば》である」と人々に告げたとは記されていない。しかし、さきに記したように、イエスはイスラエルの民が唯一の主なる神として礼拝するアブラハム、モーセの神は自らの父であり、自分は父と一であって、父の命に従って世に命《いのち》を与えるために天から降ったパンであることを一貫して教えた。

そしてユダヤ人たちがこのイエスの教えに躓き、弟子たちの多くもイエスから離れ去ったとき、弟子の一人であるペトロは「あなたは永遠の命《いのち》の言《ことば》を持っておられる」と宣言し、イエス自身も「天地は滅びるが、わたしの言《ことば》は決して滅びない」と宣言していることは、イエスという存在の中核にあるのは永遠の言《ことば》であることを示すものと言えよう。

このように見てくると、「神がわれわれの救いのために人間となり給うた」という受肉の神秘は、聖書とは無関係に教会によってつくりだされた教義《ドグマ》ではなく、聖書、すなわち神の教えを明確に人間の言葉で言い表したものと考えるべきであろう。

## †なぜ超越的な絶対者が人間になったのか

このように「神がわれわれの救いのために人間と成り給うた」という「受肉の神秘」、すなわち「真《まこと》の神であり、真の人間である」というキリストの神秘は聖書において明瞭に見出される神の啓示である。それが紀元五世紀頃までに教会の教義《ドグマ》として明確に人間の言葉によって定式化され、それ以来「信仰の知解」としての神学的探求によって今日に到るまでそれら教義《ドグマ》の意味するところを解明しようとする試みが続けられてきた、というのが「キリストの神秘」の歴史であると言えよう。

この「キリストの神秘」の歴史について詳しく述べることはできないが、おそらく読者の多く、そして一般にキリスト教に関心のあるほとんどの人の心に浮かぶ最初の、そして最大の疑問は次のようなものであろう。万物の創造主であり、無限、永遠、全能、その他いかなる完全性の形容詞によっても包括することのできない超越的な絶対者が一個の有限な被造物にすぎない人間に「成る」という、不条理の極みとも言える教えが、いかにして(カトリック)キリスト教全体を支える真理としての位置を保ったのか。

言うまでもなく、これは現代人だけが抱く疑問ではなく、アウグスティヌスに宛てた手紙のなかでヴォルシアヌスはこう記している。「泣きわめく幼児の小さな身体のうちに、宇宙もそれに較べれば小さいと思われる方が隠れて、その間、かの宇宙の支配者である方が、御自身の座を離れ、全世界に対する配慮が一つの小さな身体の方に移される」……。ちなみに『神学大全』でこの言葉が引用されている箇所を翻訳した山田晶《あきら》教授は、註で「素朴な、しかし誰でも感じる疑問」である、とコメントしている。

この疑問に対する答えは、その根本的原理とも言うべきものは、後述するように、聖書のうちに見出されるが、この「信仰の神秘」が人間理性のみによる理解を超えてはいるが、決して理性に反する不条理や明白な矛盾を含むものではないことを説明するのは神学者たちの役目であった。

そして古代の「教父」(Patres Ecclesiae) と呼ばれる神学者たちに関する限り、最も注目に値する答えはアタナシオス、アウグスティヌス、および他の神学者たちによって表明された「神が人間と成り給うたが、それは人間が神に成るためであった」という簡潔な見解であったと言えるであろう。

人間が神に成るとは、人間が神の命《いのち》によって生き、神の至福を(神の友として)共有するという仕方で神の本性に与《あずか》ることであるが、それは人間となった神であるキリストの人間性によってのみ可能となった、というのが右の答えの意味である。神が人間に成り給うた、しかもわれわれの救いのために十字架の死を被《こうむ》り給うた、という「人の目が見たこともなく、人の心に思い浮かんだこともなかった」キリストの神秘。まさしくその神秘によって人間が神に成る、つまり人間の真実の至福、人生の究極目的に到達する道が開かれた、というのである。

## †アンセルムスの画期的な回答

しかし、神に背いた人類の罪を贖い、救いを成就することができるのは人間に成り給うた神であるキリストのほかにはない、という受肉の神秘をよりどころとする教父たちの見解は、イスラムやユダヤの陣営からの激しい攻撃にさらされた。

これに対して『神はなぜ人間となられたか《クールデウスホモ》』において、受肉が人類の救いのために必要であったことを「必然的論拠」(ratio necessaria) によって論証するという大胆な神学的企図を遂行したのがアンセルムス(一〇三三～一一〇九)であった。アンセルムスの神学的議論が画期的であったのは、当時まだ論争の両陣営が神と人間との間に悪魔を介在させ、人間は罪を犯すことによって悪魔に従属するようになったので悪魔は人間に対して何らかの権利を有し、神は人間を救うために悪魔に賠償金を支払う必要がある、といった類いの議論を戦わせていたのを一掃したこと、および論敵が主な武器としてつきつけた次のジレンマを一撃で無力化したことに示されている。

それは、神は全能であるから命令一つで人類の罪をすべて消滅させ救いを成就できたはずであるのに、なぜ、いかなる必要性によって、人間本性の卑しさを身につけたのか？つまり命令一つではそれができなかったと言うなら全能を否定しなければならず、他方（そのような単純な仕方で）できたのにそれを望まず、敢えて愚かとも思えることをしたと言うのであれば、知恵を否定しなければならない、というジレンマである。アンセルムスはこのジレンマを、論敵が無用で愚かであると見なした人類の救いのための受肉は、実は真実に必要であったことを論証し、いわば自分に突きつけられていたジレンマの二つの角《つの》を反転させて論敵を突き返す、という仕方で見事に解決したのであった。

しかし、受肉に関するアンセルムスの神学的議論が画期的であったのは、このような弁証論者としての卓越性を示すものであったことにとどまるものではなく、むしろ罪の本質についての深い洞察に基づくものであったことによる、ということを見落としてはならないであろう。

アンセルムスは論敵が神と人間との間に悪魔を介在させたのに対して、罪を人間と神との間の直接的な関係において考察した。すなわち罪とは人間の神に対する背き《そむ》(offensa) であり、この背きはそのまま神の不興《ふきよう》(offensa) であって、悪魔が一種の勝利によって人間からかちとった権利ではない。したがって人間が罪の赦しを得るためには、人間自身が神の不興を好意（gratia）に転じさせなければならない。しかし無限な神の不興を好意に転じることは有限な人間には全く不可能であり、唯一の可能な道は神が人間と成ることによって、神の力でこの罪を贖うことであり、神の言《ことば》の受肉はそのために必要であった、とアンセルムスは論を進めている。

このようにアンセルムスは聖書にキリストに関して記してあることを一切除外して、必然的論拠のみに基づいて議論を進めることによって、受肉は人間が罪を贖われて救いを得るために必要であったことを論証したのであるが、ここでアンセルムスが人間理性のみによって信仰の神秘を論証できると主張する「合理主義者」であるとの誤解にさらされることのないよう一言付記しておきたい。

アンセルムスの神学的探求はその全体が「信仰の知解」を目指すものであって、理性が信仰にとって代わるのでもなければ、信仰を人間理性による知解に還元しようとする試みでもない。そうではなく、信仰のみによって肯定される真理は、それが知的探求によって理解されうる限りにおいて、すべての人間が必然的に承認せざるをえない真理となる、と主張しているのである。それは信仰が知解へと還元されることではなく、むしろ信仰は知解されることを通じてより完全な信仰――神についての認識が深まることによって神への愛をより強く燃え立たせる信仰――になる、というのがアンセルムスの、そしてカトリシズム全体の立場なのである。

## †トマス・アクィナスの受肉論

このことを鮮やかな仕方でわれわれに示しているのが、アンセルムスから約二世紀後に書かれたトマス・アクィナスの受肉論である。彼は『神学大全』第三部キリスト論を「神がわれわれの救いのために人間と成り給うた」という受肉の神秘そのものの考察をもって始めているが、アンセルムスの受肉論が『神はなぜ人間となられたか』という書名の示す通り、神の受肉は人間の救いのために必要であったことの論証を中心としているのに対して、この問題に先立って、より主要的に論ずべき問題があるという立場をとっているのである。

すなわち、トマスは第一問題の全体を「受肉のふさわしさ（convenientia）」の考察にあて、第一項で「神が受肉することはふさわしいことであったか」を考察した後で初めて（いわば補足的に）第二項で「人類の回復のために神の言《ことば》が受肉することは必要であったか」と問うている。このことは明らかに受肉の神秘そのものを徹底的にその根源に迫る仕方で探求しようとするトマスの意図を示すものであり、その意味でトマスは「信仰の知解」を極限までおし進めたかに見えるアンセルムスの神学的探求はまだ不十分な段階にとどまっていると見ていた。受肉が神の業であり、神においてその業ないし行為は神の本質・実体と同じものであるかぎり、受肉は何よりも神の本質を示す業、真実に神自身の業であるのかが第一に問われなければならないのであり、それが受肉のふさわしさ、すなわち神の本質との適合性（convenientia）を問う第一項であった。

したがって、神の永遠の言《ことば》の受肉は神に「ふさわしい」業であったと語るためには、神の本質・本性の認識が前提となるが、そのような認識は人間理性のみによっては決して到達できない。むしろそれは「創造」という神にのみ属する業に関する神的啓示、および神の本質ないし内的生命に関する、それ自体が人間に対する神の限りない愛と慈《いつく》しみを示すと言える、三位一体なる神に関する啓示を信仰のみによって肯定することを通じて得られる、というのがカトリシズムの一貫した根本的立場である。

このような神的啓示に基づいてわれわれは自らの存在を惜しみなく他者に分ち与え、他者と共有するという善性（bonitas）、すなわち恵み深さ、慈しみ深さこそ神の本質・本性であることを認識している。そして受肉、すなわち神の永遠の言《ことば》が人間と成ることは、神が最高の仕方で自己を被造物に伝える――自らの最善のもの（神性）を人間と共有すること によって――ことであるから、それは善性そのもの、限りない慈しみ深さという神の本性に最もふさわしい業であることが理解されるのである。ということは、われわれは受肉の神秘を徹底的な仕方で神学的に探求することによって、神の本質により深く触れることができ、より親密に神と結びつくことができる、ということではないか。

このように受肉の神秘に関する神学的探求の全体が、深遠な神学的問題についての精妙な思弁に耽ることでは決してない。むしろキリストは何者であるかの探求を通じて、われわれは神の本質である限りない恵み深さ、おしみなき愛により親密に触れることが可能になり、神に感謝と讃美をよりふさわしい仕方で捧げることができるようになる。すなわち、信仰の知解を通じて、信仰は信仰としてより完全なものとなるのである。

言いかえると、われわれが「神秘中の神秘」である受肉の神秘の神学的探求を通じて「キリストは何者であるか」と問うことによって手にすることができるのは、「キリストの神秘」の全体を人間理性による論証もしくは科学的検証の可能な事実へと解消したものではない。むしろそれは真正の「キリスト信仰」であり、復活したイエスが「経験的実証」を求める使徒トマスに対して「あなたはわたしを見たから信じたが、見ないで信じる人は幸いである」と告げた、あの「見ないで信じる」キリスト信仰であると言えるのではなかろうか。

## 4　キリスト信仰

### †真実の探求を成立させる心の準備

前節で、われわれが何らかの仕方で「キリストの神秘」に触れる、あるいはむしろこの神秘に「触れられる」ことによって始まる「キリストは何者か」という探求が最後に行きつくのは「キリスト信仰」ではないのか、と述べた。ところで「キリスト信仰」という言葉あるいは主題はこの書物で今初めて出てきたものではなく、第三章「信仰と理性」でカトリシズムの「信仰」理解について考察した際にすでに紹介したものである。

第三章でカトリシズムの「信仰」理解について一般的に解説した際に、カトリシズムの「信仰」理解の際立った特徴は信仰と真理の結びつきを何より重視することであり、そのことの根拠はキリスト自身が「わたしは真理である」と宣言したことに他ならぬ、と指摘した。

手短に言うと、カトリシズムが信仰と真理の内的な結びつきを重視するのは、決して信仰を主知主義的に解釈して、形式化された教義《ドグマ》の知的承認に変質させているのではなく、「真理はあなたたちを自由にする」とキリストが自ら宣言したように、真理そのものであるキリストを信じることによって人間は自由になる、すなわち罪からの自由・解放をかちとり、神の前に義とされるからである。「人が信仰によって神の前に義とされる」のは「真理そのものであるキリストが義としてくださる」ということであり、真理そのものであるキリストを信じるのが真実の「キリスト信仰」なのである。

念のために付言すると、この「キリスト信仰」は「キリストは何者か」を問うキリストの神秘の神学的探求の終着点であるのみでなく、その出発点でもある、と言うべきであろう。なぜなら単なる好奇心は当初から論外として、実証主義的な科学的精神に浸透された「歴史のイエス」の探求は、唯物論者が人体を綿密に解剖して「心」という「内臓」を取り出そうと試みたり、無神論者が宇宙の果てまでロケットで飛び出して「神」と出遭えるかを試すのと同様に、真実の探求を成立させる心の準備が欠如しているからである。したがって、「キリストの神秘」の探求、すなわち真実の意味で「キリストは何者か」を問う探求は、その全体が「キリスト信仰」に基づき、「キリスト信仰」に導かれつつ進められて行くものだと言うことができるであろう。

ではカトリシズムがその教えの全体の中心と位置づける「キリストの神秘」の信仰とし

てのキリスト信仰が人間の心に生まれるのはどのようにしてか。言うまでもなく心理学や他の科学の方法を駆使するという仕方でこの問いに答えることはできない。信じる対象が人間理性によって認識することのまったく不可能な事柄なのであるから、感覚によって知覚することの可能な現象を認識し、判断した上での「信じる」行為と同じように「どのようにして」信じるようになるのかをつきとめることはできないのである。

むしろ「どのようにして」という疑問は、「キリスト信仰」は超自然的な恩寵の賜物であることを根本的前提として確認した上で、この賜物——徴《しる》しを求めるユダヤ人には躓《つまず》きであり、知恵を求めるギリシア人には愚かなものである、とパウロが言う——をわれわれが受け入れて信じるのは「どのようにしてか」と問うべきであろう。

これに対して、信じるのはあくまで主体としての人間であり、信仰の対象自体も自由に選択しうるのでなければならず、それを人間理性によっては認識することの全く不可能な「キリストの神秘」に限るのは独断的で受け容れられない、という反論が提起されるならば、それはさきに言及した唯物論者や無神論者と同じように、自らが直面し、取り組もうとしている現実というか対象領域に適合した心の準備の欠落を示す、と言わざるをえない。

したがって、そもそも「キリスト信仰」が人間の心に生まれるのは「どのようにしてか」という問いは、常識的には全くの不条理、「絶対矛盾の自己同一」、あるいは子供じみた妄想の類いとして斥けられて当然の受肉の神秘に対して人間の心が開かれ、永遠の命と悦びへと導いてくれる真理の言《ことば》としてその探求を始めるのは「どのようにしてか」を問うものであると言えよう。

そしてこの問いに対してカトリシズムが与える答えは一貫して「すべては神の恩寵の働き」であったし、それが変わることはない。そのことに関しては全く誤解が生まれる余地がないほど明白であるのに、現実にはアウグスティヌスが恩寵(超自然)と自由意思(自然)との関係をめぐってペラギウス派と激しい、しかも苦渋に満ちた論戦をやむなくされたことで明らかなように、「救いの歴史においてすべては恩寵の働き」というカトリシズムの根本的立場は古代から近世、そして現代に至るまで多くの誤解と非難にさらされてきた。

恩寵とは根源的には神の本質・本性としての永遠なる愛・限りない慈しみそのものであり、それと被造物で有限である人間の自由意思との関係が問題になるはずはまったくない(後者は神なしには虚無にすぎないのであるから)にもかかわらず、なぜそれら二者の関係が問題になったのか。

それは人間が神の恩寵を受容する仕方によるものであり、神に像《かたど》って創造された人間霊魂は自然本性的に（naturaliter）神の恩寵を受容しうるため、人間のうちに恩寵に与《あずか》り、分有するという仕方で形成された何らかの恒久的な形相、質、習慣（habitus）のようなものが「恩寵」と呼ばれるようになったためである。現にわれわれは「キリスト信仰は超自然的な恩寵の賜物である」という言い方を繰り返してきたのであり、信仰という超自然的な徳を「恩寵」と呼ぶ慣習は広く定着している。

この慣習の当否はここでは論じないが、神の恩寵を人間に内在する何らかの恒久的な質として理解する傾向、さらに近代においては恩寵を自己意識の領域に持ちこんで自らが恩寵を有しているか否かを問う——この問いはカトリシズムにおいては答えのない、無意味な問いである——傾向が強まるのに伴って、カトリシズムの「救いの業においてはすべてが神の働きである」という根本的な教えが適切に理解されないようになり、恩寵と自由意思の関係が問題とされるようになった、と言えるであろう。

## †人間的準備と恩寵の調和

ひとたび恩寵とは根源的に神の永遠なる愛・限りない慈しみそのものであることが確立されたならば、第二章で紹介したベルナルドゥスの説、すなわち「私の救いの全体が神の恩寵によって（totum *ex* gratia Dei）、そして（私の救いの全体が）自由意思において（totum *in* libero arbitrio）なされる」ということが何の疑問も交えないで承認されるに違いない。超自然的な恩寵は自然を破壊・阻害することはなく、むしろ完成するのであるから、自由意思がその本来の機能を完全に果たすことを可能にする。自由意思にとっては恩寵に全面的に従属することが完全に自由であることに他ならないのである。

　救いの業において神の恩寵がそのすべてを為すというカトリシズムの教えは、人間が自らの自由意思によって信じるという働きを排除するどころか、そのような人間の協力を予想する。なぜならそのような神の恩寵の働きの仕方が人間本性と合致し、「人間を」救う恩寵の働きだからである。

　言うまでもなく、自由意思による人間的準備とその上に働く神の恩寵との合流・調和がどのようなものであるかは、人間には全く秘められている。しかし岩下壮一神父が次の美しい一節で指摘しているように「この人間的準備と恩寵との複雑なる調和の裡《うち》からキリスト信仰は生まれる」。

「そは人間的であると同時に神的であり、イエズス・キリストが真の人にして真の神なるが如くに、真に神人的所産である。理性も意志も感情も恩寵も皆相共《みなあいとも》に働く。我等は全人格を以て神に向ひ、神は全愛を傾けて我等を抱擁するのである。キリスト信仰こそげにうるはしき地上における神人の相逢の成果である」

私はこれ以上に簡潔で美しい「キリスト信仰」の成立を語る言葉を見出すのは困難であると思う。

## 5 日本的霊性とキリスト信仰

### †滝沢―バルト論争

「日本的霊性とキリスト信仰」という問題については本書の「おわりに」で改めて述べるつもりであるが、ここでは第四章で日本的霊性にとってキリスト教の「創造主なる神」「天と地、見えるものと見えないものすべてに存在を与える神」という教えがとくに大きな躓きであった理由を問題にしたのを受けて、日本的霊性と（創造とは較べようもないほどの神秘中の神秘ともいえる）受肉の神秘との関わりについて考える。この問題に関して最も注目に値する見解を公けにしたのは、私の知るかぎり、西田哲学の優れた研究者であり、ドイツでは日本の独創的神学者として知られた滝沢克己（一九〇九〜一九八四）である。

次に彼の神学思想と受肉の神秘との関わりを振り返ることを通じて、日本的霊性とキリスト信仰との出会いの可能性を探ろう。

滝沢は「受肉」を信仰の神秘として自らの神学思想に取り入れているのではない。「受肉の神秘」は滝沢の神学思想においては「インマヌエル」（「われらとともにいます神」）の原事実、すなわち、人間とは神がともにいてくださることによって真実の人間でありうる存在である、という「人間存在の唯一で現実の根本的状況」あるいは永遠不変の真理・言《ことば》、として理解される。そして滝沢は自らがインマヌエルの原事実に最初に目を開かれたのはカール・バルトの講義の聴講中においてであり、確かにバルトの導きの下においてであったことを次のように証言する。

「わたくしは『処女受胎』（Jungfrauengeburt）についてのバルトの講義（一九三四年夏学期・ボン大学神学部）を聴いて、バルトが『イエス・キリスト』（Jesus Christus）という名で本来何を指しているか——後に『贖罪論』（Versöhnungslehre）において詳しく言い表されるようになった『原事実』（Urfaktum）——をはっきりと理解した。その『イエス・キリスト』はたんにあの時あの処にいただけではなくて、今此処に、わたくし自身の許《もと》に、わたくしのあらゆる思いに先立って在《い》ますこと、世の太初《はじめ》から在り、最後まで変わることのない『まことの神・まことの人』（verus Deus, verus homo）であられることを、言いようのない驚きと感謝をもって覚ったのだ。わたくしは、けっしてわたくしを離れ給わぬこの『イエス・キリスト』に徹頭徹尾止まることを欲した。」

この滝沢の証言の読み方については滝沢自身が「体験された当のことそれ自体が『言《ロゴス》』である」と述べる。つまり「インマヌエルがインマヌエルだ」ということが私達にわかってくるのは、インマヌエル自身の光により、熱によって、私達の盲《めし》いた眼が見えるようになるということ以外にない。そのことを聖書は「キリストの霊によってのみ」「聖霊によってのみ」という言葉で示している、というのである。

それはまさしく聖書を神の言《ことば》として読むことであり、そのことは聖書は物事を最も厳密かつ完全な意味で「在るがままに」語るということである。なぜならすべてのものを在らしめるのは神の言《ことば》なのであるから、聖書が神の言《ことば》であるかぎり、そこで語られること以上に実在的《リアル》なものはありえないからである。

したがって滝沢がこの時インマヌエルの原事実に最初に目を開かれたと言うのは、事柄としては、キリストは「真《まこと》の神であり、真の人間である」という受肉の神秘に直接に触れた、ということ以外のことを指すものではありえない。しかし、そのことを確認した上で直ちに言わなければならないのは、滝沢の神学において「インマヌエルの原事実」（われらとともにいます神）を体験することは確かにイエス・キリストは真の神であり真の人間であるという「受肉の神秘」に触れることであるが、それは決して「信仰の神秘」ではなく、この体験は「キリスト信仰」ではない、ということである。

そしてこのことが、滝沢は「インマヌエルの原事実」の体験において真実のイエス・キリストと出会ったのはカール・バルトの導きの下にであったと確信していたにもかかわらず、「インマヌエルの神学」そのものに関してバルトと正面から対立せざるをえなかった理由であった。

### †日本的霊性と「受肉の神秘」

私はこの滝沢―バルト論争の根底にあるのが、日本的霊性とキリスト信仰の問題であると考える。神が「インマヌエル―われらとともにいます神」であることは、永遠・普遍の真理であり、われわれは自らを全面的にその光の下に置くことによってこの真理にめざめ、真の人間として生きることができるのであり、そこにはキリスト信者とそうでない者との間に何の差別もなく、この真理にもとづいて諸々の異なった宗教の間の対話が成立する、というのが滝沢の神学的立場である。

それは私が理解しえた限りで「絶対者（神）が絶対者であることの決定的な証しを（絶対者の絶対的な自己否定において示される）絶対者の無辺の大悲において見る」という日本

的霊性と根本的に一致する。

問題は滝沢がインマヌエルの原事実という永遠・普遍の真理は万人に等しく開かれている（ナザレのイエスにおいてこの真理は比類のないほどまで完全に生きぬかれ、顕示されたとはいえ）、と主張するのに対して、バルトは（そしてこの点に関してカトリシズムの伝統とバルト神学は一致する）この永遠・普遍の真理・言《ことば》は肉《ひと》となることによって初めてわれわれに啓示されたのであり、われわれはまず信仰をもってこの永遠の真理を受けいれることから始めて、そこで示された道をたどることによって、永遠の命《いのち》に到達することができる、と主張したことである。

乱暴な言い方に響くかもしれないが、「受肉の神秘」、そして「インマヌエルの原事実」ないし永遠・普遍の真理は、決して日本的霊性にとって縁遠い、異質な教えではない。むしろ、それは根本において預言者モーセに啓示された「慈しみ深く恵みに富み、忍耐強く慈しみとまことに満ち、罪と背きと過ちを赦す神」の啓示であり、イエスが教え、自らの生と死により極みまで示した「その独り子をお与えになったほどに世を愛された神」の本質であって、日本的霊性の神髄である「絶対者の無辺の大悲」に通じる。

日本的霊性と「受肉の神秘」との間に、何かこの二者の親密な出会い、交わりを妨げる要素が見出されるとしたら、後者がバルトにおいて、またカトリシズムの伝統においてそうであるように、「信仰の神秘」として、「キリスト信仰」の対象として受け取られる限りにおいてであろう。カトリシズムにおいて「受肉の神秘」、そしてまた神の本質としての限りない、永遠の慈しみはまず「キリスト信仰」の対象として信仰をもって受けいれるべきことである。

これに対して、滝沢においては、そのような形で「インマヌエルの原事実」という永遠・普遍の真理とわれわれ一人一人との間に「ナザレのイエス」が介在する必要はなく、またそれを容認することはできない。そして、そのことは日本的霊性一般についても言えることであり、天台宗や真言宗において強調される「即身成仏」の奥儀が示すように、「煩悩即菩提」「生死即涅槃」が悟りの極意であって、信仰という中間的な依存の段階は全面的に斥けられるのではないかと考えられる。しかし、この問題については「おわりに」において改めて考えることにしたい。

第六章

# 「神の母」マリア

# 1　聖母マリア――信心と神学

### †マリアを切り捨てるのは致命的誤り

この章では「マリアは何者か？」という問いを取り上げる。「キリストは何者か？」という、キリスト自身が弟子たちからありきたりの答えではなく、パーソナルな答えを求めた問いに続いて、このように問うことについては納得のいかない読者が多いかもしれない。「カトリック教会が昔から――おそらくは布教や司牧の効果を考慮して――聖母崇敬や信心に力をいれたことは知っている。現にカトリック信者が多数派で、信仰がほとんど慣習や年中行事になっている地域ではキリストは聖母の陰《かげ》に隠れてしまっているようだ。しかしそれはあくまで真正の「信仰の遺産」からの逸脱であって、カトリックについての正しい理解を目指すのであればキリストの次に聖母マリアを持ってくるのはかえって誤解を助長するのではないか」……このような批判が予想される。

とくにこの章の標題に「神の母」という言葉を用いたことが大きな疑問と激しい反発を

呼び起こすのではないか。わが国では、キリストはわれらの救いのために人間となった真の神である、という受肉の神秘を「信仰の真理」として尊重せず――受け容れるか否かは別として――、キリストは「ただの人間」(homo purus)であると断定する「キリスト信者」はもとより、「神学者」も多いと聞く。今時「神の母」という「三位一体」や「受肉」に続く古代の教義論争の用語をまじめに受けとめる者がいるのか、と珍しがる者さえいるかもしれない。

しかし私は「マリアは何者であるか」は「マリア」(ミリアム)と呼ばれた一人の女性を彼女自身としてどれほど綿密・正確に観察し記述したとしても、マリアについて知るべき本質的なことは何一つ知られないと考える。なぜならそのような本質的なことの全体がキリストとの関係において成立し、キリストという「存在」に依存しているものだからである。

そのことを確認した上で、ここで強調したいのは、それと同様に「マリアは何者であるか」を正しく理解することが「キリストは何者であるか」についての様々な誤解や歪曲からわれわれを護ってくれる最も堅固な防壁だということである。「マリアは何者であるか」について知るべき真理はその全体が「キリストは何者であるか」についての真理に依存し、そこから出てくる。

では、われわれはマリアという存在に拘泥《こだわ》る必要はなく、直接に、ひたすらキリストに近づくことに専念すればよい、またそうすべきなのだろうか。このように考えてもよさそうであるが、実はそうではないことを強調したい。救い主キリストは人となった真《まこと》の神であるという「キリスト信仰」は、「神の母」マリアを真剣に受け取めることによって、単に観念的でなく、実在的で生きた信仰になる、と言えるのではないか。

いずれにしても、次に述べるようにマリアをキリスト信仰から切り離して崇敬し信心することは誤りであり、危険をはらんでいることは明白であるが、他方キリスト信仰に集中するためにマリアを無視し、切り捨てる、という選択も致命的な誤りなのである。なぜなら、「神の母」というマリアの類いない栄光の輝きは、その全体が人間となった真《まこと》の神であるキリストの栄光に基づき、依存するものであるが、まさしくそうであるが故にマリアの栄光を無視し、切り捨てることはその根源であるキリストの尊厳を損う危険をはらんでいるからである。

### †和辻哲郎の「童貞聖母」

マリアをキリスト信仰から切り離して崇敬し信心するマリア礼拝と言えば、すぐに私の頭に浮かぶのは和辻哲郎(一八八九〜一九六〇)の「童貞聖母」である。これは和辻が三十代の前半に執筆した『原始キリスト教の文化史的意義』(一九二六年) と題するイエス研究(和辻はイエス・キリストの歴史的実在を否定はしなかったが、根本的に宗教的想像力の産物である神話的存在と解釈し、そのことは崇敬や礼拝の対象としてのイエスの価値を貶《おとし》めるものでは全くない、と考えていた) の付録として執筆されたもので、弟子の金子武蔵《たけぞう》の言葉をかりると「先生ならではの名文、格調の高さを失わぬ珠玉のごとき名品である」という。

「母であるためには童貞を捨てなければならない。……が、それにもかかわらず、童貞であって同時に母であるということは、我々にとってその意義を失わない。その意義とは何であろうか。」このような言葉で和辻の「童貞聖母」は始まる。「童貞であるとともに母であるところの人間……それはイエス・キリストの生母、童貞マリア、聖母マリアである。この歴史的人物マリアは、その身にうけた処女懐胎の奇蹟のゆえに、また人類の救い主の生母であるがゆえに、キリストの救いを信ずる世界において漸次《ぜんじ》人々の崇拝の対象となり、ついにはキリスト者の『大いなる主神マリア』となった。旧教《カトリック》諸地方の民間信仰においては、聖母マリアは現前に世界を支配する大いなる母神である。……この慈愛深き女神の信ぜられる民間信仰においては、父なる神もまたイエス・キリストも全然うしろに退いている。……ここではもはやキリストが信仰の中心ではなく、キリストをもその付属物とするところの聖母マリアが信仰の中心なのである。」

和辻はこのような聖母崇拝——彼の表現では「大いなる主神マリア」「大いなる母神」マリア礼拝——が西洋の文化に顕著な痕跡を残していることを色々な例を挙げて強調しているが、その直後に「聖母崇拝が事実上大きい力を持っていたということは、直ちに童貞聖母の伝統が歴史的に真実であることを証するものではない」と読者に注意を促《うなが》す。この伝説は「原始教会内における信者の熱烈な宗教的想像力が生みだしたものにほかならぬ」というのが和辻の根本的立場なのである。そして「処女にして同時に母であるマリアは想像の産物に過ぎない。しかしそれが想像の産物であることは、いささかも童貞なる聖母の意義を減じない」というのが和辻の一貫した哲学的信念であった。

### †和辻が見落とした「神の母」

おそらく読者の多くが、単に想像の産物に過ぎないものがどうして西洋の文化に顕著な痕跡を残しうるような宗教的礼拝の対象になりえたのか、またそのようなものにどうして大きな意義を認めうるのか、という疑問を抱かれるであろう。

これに対する和辻の解答は「童貞聖母」が想像の産物であると言うのは「女という概念から処女性と母性とを抽出して（頭の中で結合して）作ったもの」というレベルのことではない。それは人類を永遠に惹《ひ》き付けてやまない「永遠に女性なるもの」、「母の本質と処女の本質とを一つに統一せる……完全なる愛と美のイデーが、幾千年の昔より人類の願望の的となり、幾度となく想像力によって具体化された」という意味である。そして「童貞聖母」マリアはその最後の結晶なのである。

確かに「童貞聖母」はその数年前に発表された名著『古寺巡礼』によって文化史家としての卓越した資質を認められ、文才が高く評価された和辻の才気あふれる名文である。しかし、キリスト信仰の内実もしくは真理性については全く無関心なままで「童貞聖母」というマリア伝説の解明を試みることは、教理史や神学の立場とは異なった、文化史的な聖母理解をめざすものと言えるかもしれないが、やはりマリアについて、とくに「童貞聖母」すなわち処女《おとめ》なる母マリアについて最も肝心なこと、本質的なことを看過あるいは無視することだ、と言わざるをえない。

言うまでもなく聖母マリアの聖性、その貞潔と謙遜、そして慈しみ深さの徳をそれ自体として認識し、讃美し、崇敬することは可能であり、和辻はそのことを独自の仕方で為しとげたと言えるかもしれない。しかし、彼女の処女《おとめ》にして母という聖性が類《たぐ》いない栄光で輝くのは、救い主、すなわち人となった神の母であることによってであり、そのことを離れてはありえないのである。

そして単なる被造物であるひとりの女性が「神の母」であることは、信仰によってのみ肯定されうる啓示された真理であり、われわれを限りない神学的探求へとかりたててやまない信仰の真理である。「童貞聖母」においては「神の母」というキリスト中心的なマリア観が全く姿を消し、父なる神もキリストも己れのうしろに退けた「主神・母神」なるマリアが登場する。これは「キリスト信仰」というものが排除されるとともに、崇敬や信心の対象としてのマリアは存在しても、神学的探求の対象としてのマリアは全く和辻の視野には入ってこないことを示すものである。

## †マリア排除はキリストの尊厳を損う

和辻の「童貞聖母」はちょうど一世紀前の作品であるが、今日われわれの間で広まっているマリアのイメージも、もっぱら信心あるいは音楽や美術など芸術的な関心の対象に限られていて、神学的関心の不在という点ではあまり変化は見られないのではないだろうか。聖母マリアとの結びつきですぐわれわれが思い浮かべる言葉はアヴェ・マリア、ノートル・ダム、ロザリオ、そして聖母マリアの出現とそれにまつわる奇蹟のゆえに全世界から多数の巡礼者が訪れることで有名なフランスのルルド、メキシコのグアダルーペ（イダルゴ）、それにポルトガルのファティマなどがあるが、これらはすべてマリア信心、崇敬に関わる言葉や地名であって、マリアに関する神学的探求を呼び起こすものとは言えない。

実を言うと「アヴェ・マリア」と呼びかけ、挨拶するときの「アヴェ」は、後で触れるように、高位の尊敬すべき御方への挨拶であって、ガリラヤ地方ナザレの少女マリアを訪れた高位の天使ガブリエルがこの言葉を用いたことは、救済史ないしは神学的観点からマリアが何者であるかを根本的に問うことを要求するものだったのである。

さらにロザリオで繰り返し唱えられる「アヴェ・マリア」の祈りの後半は「神の母、聖マリア」で始まるが、「神の母」という呼びかけに含まれる測り知れない神秘に思いをひそめるという経験は、正直なところ、私自身にも極めて稀であることを告白しなければならない。「母神マリア」であれば熱烈な信心や想像力の産物という説明で済ませることができるかもしれないが、単なる被造物である処女《おとめ》マリアが万物の創造主である神の母であるということは、人間の想像や知的認識の能力を全く超え出る神秘であることをまず認める必要があろう。

人間が神の母になる、つまり神を産むということは自然の秩序においてはまったく不可能であり、自然の秩序を超える神の業として理解するほかない。「神の母」であるというマリアの神秘は、神がわれわれ人間の救いのために人間となり給うた、という神の最も驚くべき不可思議な業《わざ》(受肉の神秘)に基づくものであり、「受肉」という信仰の真理を肯定することによってのみ、それを意味のある仕方で語る道が開かれるのである。それは「キリスト信仰」の光に照らされることによってのみ、聖母マリアを聖母マリアたらしめる本質を探求する道が開かれるということであり、このような聖母マリアの本質の神学的考察を欠如したマリア信心・崇敬はかつてカトリック教会の歴史の中で実証されたように、常に偽りの誇張や歪曲の危険にさらされている。

そして、まさしく聖母マリアを熱烈な信心・崇敬の対象たらしめる彼女の聖性や徳は、その全体がキリストに基づき、キリストに依存するがゆえに、マリアを無視ないし排除するキリスト中心の神学的立場はキリストの尊厳を損う虞《おそ》れがあることを敢えて強調しておきたい。

## 2　聖書と「神の母」マリア

### †聖書はマリアをどう記しているか

前節で指摘した通り、「聖母」として崇敬され、熱烈な信心や賛美の的となってきたイエス・キリストの母「マリアは何者であるか」という聖母マリアの本質に関わる問いに適切に答えるためには、キリスト信仰に基づく神学的探求が必要である。そしてその答えを最も簡潔に要約する言葉は「神の母」である。

ところで「神の母《テオトコス》」という教義《ドグマ》が公式に確定されたのは四三一年のエフェソス公会議においてであるが、この教義への道を開いた聖母に関する神学的探求は既に二世紀の殉教者ユスティノス、アンティオキアのイグナティオス、リヨンのエイレナイオスにおいて始められていた。そして彼らが神学的探求の主要なより所としたのは、後に正典化される新約聖書を中心とする使徒的伝承（Traditio Apostolica）であった。

では新約聖書はイエス・キリストの母マリアについてどのように記しているのか。とりわけ決定的に重要なのは、マリアがイエス・キリストの母として記されていることと、キリスト信者がキリストを「唯一の主、わたしたち人類のため、わたしたちの救いのために天から降り給うた」御方と信じることとの間の内的な結びつき、ないし緊密な一致である。

言いかえると聖書は例えばナザレの人々が「彼は（大工の子で）母はマリアではないか」と言ったのと同じ意味でマリアをイエス・キリストの母であると記したのか、それとも単に母親として子供を「生む」ことでイエスの母であるにとどまらず、限りない謙遜と完全な信仰をもって自由に神の望みのままにその救済の業に同意したことによって「神の母」になった、という意味でイエス・キリストの母であると記しているのか、それが問題なのである。

もし前者であるとしたら、イエスの母マリアへの言及の多寡《たか》、叙述の詳細・瑣末にかかわりなく、聖書はマリア崇敬ないしマリア信心の源泉とはなりえても、聖母神学の聖書的源泉とは決してなりえないであろう。逆に後者であるとしたら、たとえイエスの母マリアへの言及が稀で、末梢的という感じを与えるものであったとしても、それらは聖母神学の聖書的源泉であり、聖母神学は確かに聖書のうちに根拠を有すると考えるべきであろう。

ちなみに二十世紀神学の古典的学者であるとされるミヒャエル・シュマウス（一八九七〜一九九三）は「聖書におけるイエスの母マリアについての証言は僅少にとどまる」と述べている。新約聖書全体で十カ所を数えるマリアについての言明を「僅少」と見るのが適当か否かは見解の分かれるところであるが、おそらくシュマウスが受けた「僅少」――「些細」とは言わないとしても――という印象に同感する者が多いであろう。むしろイエスの誕生を記念するクリスマスはわが国でも年中行事となっているから、聖書のなかのその箇所を読んだ人も多いであろうが、その他の箇所はほとんどその存在すら忘却と無視にさらされているのが現状ではないか。

### †「聖書のみ」の原則の問題

しかし右に述べたように、聖書は処女《おとめ》であって母であるマリアを救いの歴史の背景に過ぎない一人の登場人物として記しているか、それともキリストの救いの業に人格的《パーソナル》に関わった、救済史的に重要な役割——もちろんその全体がキリストに由来し、依存するものであるが——を果たした存在として記しているか、それが問題である。そしてシュマウスもこの点に関しては「マリアが救いの歴史において彼女に固有の役割を演じたことはなんびとも疑うことができない」と明確に述べている。

確かに聖書の中でマリアは天使から異例の尊崇を示す挨拶の言葉を受け、「恩寵に満ちた方」と呼ばれ、また親類のエリザベトからは「女の中で祝福された方」という呼びかけを受け、さらにエルサレムの神殿で幼子イエスを奉献した時には預言者的なシメオンからイエスが受けるべき試練に参与することになると予告されるが、教会が後にマリアについて信ずべき教義《ドグマ》として確定した事柄については何ひとつ明示的に記してはいない。

ここからして「聖書のみ」(sola scriptura) を自らの信仰の根幹的な原則とする人々が、マリアがイエスの母であることは異議をさしはさむ余地のない歴史的事実と認め、他方マリアに対して捧げられるそれ以外の一切の崇敬や信心については否定的ないし拒否の態度をとり、時にはそれらに「マリア偶像礼拝」(mariolatry) という軽侮を含む非難の言葉を投げつけたこともそれほど驚くべきことではない。

ただしそのように「聖書のみ」の原則をたてにして、マリアは自分たちのキリスト信者としての信仰には一切関わりないという態度をとった人々は、真実のところ自らの「聖書のみ」の原則に忠実であったと本当に言えるのか。つまり、それらの人々は新約聖書がイエスの母マリアについて述べていることを注意深く検討した上で、彼女は救済史的に意味があるような何の役割も演じていないと結論したのか。言いかえると、それらの人々は「聖書のみ」の原則に本当の意味で忠実であったのか。

これは宗教改革運動の時代以来、何世紀にもわたって不問に付されてきたが、それ自体として真剣な吟味と論議に値する問題であると思われる。しかし聖母神学の聖書的源泉の問題とは本質的に関わりがないので、ここで立ち入って論評するのは控えたい。本質的に重要なのは、新約聖書におけるイエスの母マリアへの言及の多寡にかかわらず、彼女はイエス・キリストの救済の業に、救済史的に意味のある仕方で人格的《パーソナル》に関わった人物として記されているのか否か、ということであり、次にその問題について述べよう。

### †受胎告知をどう読むか——ベルナルドゥスの註釈

最初に取りあげるべき、そして最も重要な箇所は『ルカ福音書』第一章（第三十六節〜三十八節）マリアへのイエスの誕生の予告であるに違いない。この箇所で語られる天使ガブリエルによるマリアへの受胎告知はフラ・アンジェリコを始めとする多くの画家によって競って描かれ、われわれにはごく親しいものとなっていると言えよう。
ヨセフという大工のいいなずけである処女《おとめ》マリアを天使が訪れて「あなたは神の恵みを受けてみごもりイエスと名づけるべき男の子を産むことになる」と告げる。マリアは当然のことながら最初は戸惑い、考え込むが、天使の説明を聞いて納得し「わたしは主のはしためです、お言葉どおり、この身になりますように」と応答し、天使は去る。……ざっとこのようなことがローマ帝国支配下のある時、パレスチナ地方のある町で起こった。その出来事の意味するところをどのように解釈し、理解するかは各人の物の考え方、関心の所在に左右される、そのように考えるのが普通ではないだろうか。

しかし「聖なる読書」(lectio divina)、すなわち読むことがそのまま祈りであるような仕方で聖書を読んでいた「教父」(patres ecclesiae) たちにとっては事情はかなり違っていたようである。例としてダンテ(一二六五〜一三二一)が『神曲』(La Divina Comedia) の中で自らを天国で聖母マリアのもとへ導いてくれる最も信頼すべき聖人として選んだベルナルドゥス(一〇九〇〜一一五三)が『ルカ福音書』のこの箇所の註釈を試みた著作を取り上げよう。

この瞑想的な著作は『おとめなる母をたたえる』(In Laudibus Virginis Matris) という表

題のもと四つの説教（homilia）から成るものであるが、ここでは主として「ガリラヤのナザレという町のひとりのおとめのもとにみ使いガブリエルが、神から遣わされた。このおとめはダビデ家のヨセフという人のいいなずけで、名をマリアと言った」という箇所を註釈した第一説教について述べることにする。

ベルナルドゥスはまず福音書記者がこの箇所で、遣わされた天使、遣わした御方を始め、告知を受けるおとめ、さらにそのおとめのいいなずけ、ふたりが住む地方と町、さらにはふたりの属する家系まで、例外的と言えるほどこまかに特定し、名を挙げているのはなぜか、その意図に読者の注意を向けさせる。それはまさしくここで語られることが起こる「時」とは恵みの時であり「いつくしみとまことが、ともに会い、義と平和がいだき合う」日であるからだ、とベルナルドゥスは言う。『ガラテア書』第四章（第四節）には「時が満ちると、神はその御子を女から、しかも律法の下に生まれた者としてお遣わしになりました」と記されていて、女の名は特記されず、またその役割は神が御子をお遣わしになるための「産む」という不可欠だがいわば受動的な役割だけが記されている。

しかしここでの福音書記者の語り方は、ベルナルドゥスによると、語られているのは救いの歴史において決定的に重要なことであり、またそこで登場する処女《おとめ》には神の救いの業が実現・成就されるか否かを左右するような重大《クリティカル》な使命が託されていることを読者に気づかせるものなのである。
まず「神の力」を意味する「ガブリエル」の名で呼ばれる天使がとくに選ばれて――これは「神から遣わされた」と派遣者が明示されていることから推察される――遣わされたことが、時が満ちて救いの歴史における決定的な瞬間が到来したことを示している。また告知のために遣わされる使者として最も相応しい者が選ばれたということは、告知を受ける処女《おとめ》に託された使命がいかに重大なものであったかを示すとともに、このように「目が見もせず、耳が聞きもせず、人の心に思い浮かびもしなかった」神の愛の業に関わる使命を託された処女《おとめ》が、その使命を完全な信仰と謙遜な従順をもって自由に果たすことができるようにとの配慮がその人選にはこめられていた、とベルナルドゥスは指摘する。

要するに、ベルナルドゥスの読み方はここで福音書記者はある時、ある場所でこのようなことが起こったという風に「世界史」の見地から歴史的事実を記述しているのではなく、「救済史」の観点から処女《おとめ》マリアはどのように救済史的に重大な役割を演じたかを読者に伝えようとしている、というものである。

### †救済史の観点からの聖母讃美

第二説教は第一説教において、処女《おとめ》マリアが受けた神の母になるという大いなる恵みは、母となっても処女《おとめ》であることがいささかも損われることなく、むしろその輝きを増すという全く類いのない栄光であるが、その輝きが神の御心にかなったのは疑いもなく当の処女の謙遜によるものであった、と述べたことの展開である。

ベルナルドゥスは聖母マリアの独自の聖性は何よりもその謙遜の徳に存することを強調する。神はその母となるべき方が処女《おとめ》であること、全く汚れのない方であることを望んでおられたが、神はまた彼女が謙遜であることをも望んでおられたのだ、というのである。彼によると、神は処女マリアのすぐれた謙遜の報いとして、処女のまま出産する恵みを与えられた、なぜなら救いに到達するための最もすぐれた徳は謙遜であるから、救い主である神が謙遜な方からお生まれになることは、極めて相応しいことだったからである。

第三、第四説教は天使とマリアとの間で交された会話の註釈にあてられている。ベルナルドゥスは「(福音書記者は) 久しく待望されていた救いの初めの出来事を蜜のような甘味な言葉で語り……あたかも南からのそよ風に乗ってくるかのような霊的香料のかおりをただよわせ、すぐ傍に近づいている正義の太陽の輝きを少しずつわたしたちに示してくれる」と評するが、ベルナルドゥスの註釈も「みつよりも、はちの巣のしたたりよりも甘い」――彼はその卓越した聖書註釈のゆえに「蜜の流るる博士」(Doctor Mellifluus) と称せられる――という『詩編』の言葉がそのまま適中するように感じられる。

しかし重要なことは彼が聖書で語られる告知の出来事を救済史の観点から註釈することに徹しており、そして処女マリアがそこで果たした重要《クリティカル》な役割を正確に伝えることに専念していることである。

言いかえると、ベルナルドゥスの聖母讃美、聖母崇敬は神の言葉を聴いて、その知解を探求するという神学者の立場と合致するものであり、節度あるものだった。第四説教の冒頭で、「神の御母に賛美を捧げるとき、その賛美は究極的には御子への賛美ということになる。同じく御子をたたえるときは、それが御母の栄光になるということをわたしたちは知っている」と彼は証言する。後でベルナルドゥスの聖母神学については改めて述べることになるが、これまで見てきたことで彼の聖母神学が聖書に基づくものであることは明白であり、そのことは聖書神学の形成と展開に寄与した教父、神学者たち全般についても言えることを指摘しておきたい。

### †エリザベト訪問とイエスの誕生

神の使者ガブリエルによる告知が、処女《おとめ》マリアの「わたしは主のはしためです」という、神の母に選ばれるほどの大いなる誉れの中で深い謙遜を示す言葉、そして希望と祈りをこめた「おことばどおり、この身になりますように」という言葉で結ばれたのに直ちに続くのが、マリアのエリザベト訪問である。

この突然の旅立ちはガブリエルの言葉によって親類エリザベトの上に起こった神の業を知り、老齢の彼女を助けるためであったから、救済史的には「告知」の続篇とも言うべきものであろう。訪れたマリアを迎えるエリザベトの挨拶は、マリアの身に神の救いの業が起こったことの、歓喜と祝福に満ちた証言であり、それに続くマリアの有名な神への賛歌「マグニフィカト」も同じく感謝と喜びに溢れる証言であると言えよう。

この賛歌については、旧約聖書の『サムエル記』『詩編』『ヨブ記』『イザヤ書』などを繋ぎ合わせたものと評する者から、後にイエス・キリストが自ら伝え、実践した「福音」の全体を見事に一編の詩に圧縮した大いなる預言、と総括する者まで、多様な反応があるが、私はその種のコメントは控える。ただこの賛歌を記した福音書記者は、告知を受けた処女なる母マリアが自らに託された救済史的使命を明確に自覚していた、それを読者が知るのを望んでいたことは明白である、とだけ言っておこう。

エリザベト訪問に続いて福音書記者がマリアについて記すのは言うまでもなく告知された「聖なる者、神の子と呼ばれる」イエスの誕生である。記されているのは、ローマ皇帝アウグストゥスの命によって住民登録のため、ダビデの町ベツレヘムにヨセフとともに来ていたマリアが「月が満ちて、初めての子を産み、布にくるんで飼い葉桶に寝かせた。宿屋には彼らの泊まる場所がなかったからである」という周知の場面であるが、注意すべきは次のことであろう。

イエス・キリストのこの世界への「入場」はやがて世界史の記述の仕方を一変させることになる文字通り画期的出来事であったにもかかわらず、それが最初に知らされたのは天使によってであった。『ルカ福音書』第二章（第九節以下）には「主の天使が（野宿をしながら、夜通し羊の群れの番をしていた羊飼いたちに）近づき、主の栄光が周りを照らしたので、彼らは非常に恐れた。天使は言った。『恐れるな、わたしは、民全体に与えられる大きな喜びを告げる。今日ダビデの町で、あなたがたのために救い主がお生まれになった。この方こそ主メシアである』」と記されている。

羊飼いたちは天使の言葉を「主の知らせ」と受け止め、ベツレヘムへと急ぎ「マリアとヨセフと、飼葉桶に寝ている乳飲み子を捜しあて……自分達に告げられたことを人々に知らせた」という。これを聞いた者は皆不思議に思ったが、「マリアはこれらの出来事をすべて心に納めて、思い巡らしていた」と特に記されているのは、彼女がさきに天使ガブリエルから受けた告知、エリザベト訪問の際の出来事と、ここで羊飼い達によってもたらされた天使の布告が一つになって、自らが関わりつつある救済史的出来事の重大さの自覚を深めていることを示唆するものと考えるべきであろう。

## †エルサレムの神殿での出来事

次に述べるエルサレムの神殿においてマリアが経験した二つの出来事は、救済史的な意義のない単なるエピソードと見なす論者がいても不思議ではない。だが、私は論及する価値が十分にあると思う。

その一つは律法の定めに従って出産後の清めの儀式と、初産の男の子であるイエスを主にささげる儀式を行うために神殿を訪れた際に、シメオンという信心深い老人と女預言者アンナ――いずれも長い間イスラエルの民の救いを待ち望んでいた――から、この幼子《おさなご》において救いの到来を見たとの祝福、そして神を賛美する言葉を受けたことである。とくにシメオンがマリアに向かって、この子は逆《さか》らいを受けるしるしとなり、あなた自身も心を剣《つるぎ》で刺し貫かれる定めになっている、という預言の言葉を告げたことは、イエスによって成就されるべき救いの業が十字架の道であることの預言であり、マリアの心に深く刻みつけられたに違いない。

もう一つの出来事は、過越《すぎこし》の祭りの期間中両親とともにエルサレムに滞在していた十二歳の少年イエスが、祭りが終わって両親が帰途についた後もひとりエルサレムにとどまり、学者たちと対話を続けていたことである。三日後にやっとイエスを捜しあてた母マリアが、なぜこのような両親を心配させることをしたのか、と言ったのに対して、「なぜわたしをお捜しになったのですか。わたしが自分の父の家にいるのは当たり前だということを、ご存じなかったのですか」と両親が理解に苦しむ、一見つき放したとも感じられる答えをした、と記されている。

「一見つき放したとも感じられる」と言ったが、この後の箇所で触れる母マリアに対するイエスの語りかけも含めて、そこにどんな感情がこめられているかを問題にする意図はまったくない。託身という信仰の神秘に基づいて考える限り、幼児にせよ、少年にせよ、イエス・キリストという真《まこと》の人間において見出されるペルソナは神の子としての神的ペルソナのみであって、人間的ペルソナと言うべきものは存在しない。われわれが聖書を読んでイエスの言葉や行動について思いめぐらす場合、また処女マリアはイエスの真の母であり、「神の母」であると言う場合、われわれはこの神秘に常に直面していることを見過ごしてはならないであろう。

つまりイエスが語る単純な人間の言葉のうちに神的な知恵を探りあてることは決して容易なことではない。「わたしが自分の父の家にいるのは当たり前だ」と訳されている箇所はウルガタでは in his quae Patris mei sunt oportet me esse「我は我父の事を務むべき」(ラゲ訳)となっており、現行の諸訳よりも理解し難いが、イエスの言葉としてはより自然に響くと私には思われる。

いずれにしてもイエスのこの言葉は、心配をかけた両親に対する子としての返答というよりは、自らが何者であるかを悟らせようとする言葉であり、母マリアが「これらのことをことごとく心に留めていた」と記されているのは、彼女がイエスの言葉を救いの歴史の観点から思いめぐらしていたことを指すものと解すべきであろう。

### †イエスが母に告げた「わたしの時」

次に述べる聖書の二つの箇所に関してもイエスの母マリアは神の救いの業とは本質的に関わりのない女性として記されているかのように解するのが通説のようであるが、聖母神学の形成に寄与した教父や神学者たちの読み方は違っていたようである。

まずガリラヤのカナで行われた婚礼に招かれた時にイエスが行った最初の奇跡のきっかけとなった母マリアとの会話であるが、福音書記者ヨハネによると、ぶどう酒がなくなりかけたのに気づいた母がイエスに「ぶどう酒がなくなりました」と告げたのに対して、イエスは「婦人よ、わたしとあなたにとってそれが何ですか。わたしの時はまだ来ていませんと答えたという。

これは一見、母の思慮深い隣人愛を単純に斥けているように受け取られ、とりわけ他所《よそ》他所《よそ》しい「婦人よ」という呼びかけがその感じを一層強めているように思われるかもしれない。しかしトマス・アクィナスの註釈は、アウグスティヌスとヨアンネス・クリュソストモス（三四四〜四〇七）の二様の見解を検討した上で、アウグスティヌスに従ってイエスがこのように答えた理由は自らが何者であり、何を為すべきかを母マリアに告げることだった、と述べている。マリアはこの時イエスの拒否とも思える答えの意味は理解できなかったが、息子の慈しみ深さへの希望を捨てることなく、召し使いたちに「この人が言う通りにして下さい」と告げた、というのである。

マリアがこの時のイエスの答えの意味を理解するのは、後に十字架につけられたイエスが、母とそのそばにいる愛する弟子を見て、母に、「婦人よ、御覧なさい、あなたの子です」と語りかけ、その後で弟子に向かって「見なさい、あなたの母です」と言葉をかけられた時であった、と言えるかもしれない。これは単にイエスが自らの死後の母の扶養を愛弟子に托したことにとどまるのではなく、ここでも「婦人よ」と母マリアに呼びかけることによって自分と母マリアとの間の真実の関係を示そうとしたのではないだろうか。

すなわち母から受けた人間性において極みまで苦しみを被っている（そして母もその苦しみをともにしている）この時、イエスは「婦人よ」と母に呼びかけて、彼女の「母性」はキリストを信じるすべての人間の母たることを意味すると教えている。愛弟子に対して

「あなたの母です」と言うのも同じことである。それは、人となった神であるイエスの母であることは、神であるイエスを信じてイエスと一体となるすべての人間の母であることを意味する。私はこの解釈に固執する気はないが、カナの婚礼におけるマリアは、十字架の傍《かたわ》らのマリアと結びつけて理解すべきであることだけは強調したい。カナの婚礼の際に母に告げた「わたしの時」とはまさしくこの時だったのである。

### †聖母神学がめざしたもの

次に挙げる一連の類似的箇所もイエスの母マリアは神の救いの業とは本質的に関わりがないことを示唆しているかのように解されがちである。しかしながら、説教するイエスに対して「あなたを宿した胎《はら》は幸いだ……」と賛嘆の叫びを挙げた女に「むしろ幸いな者は神の言葉を聞き、それを守る人々である」と応じたイエスの言葉は女の賛辞を打消したのではなく、むしろ補足して正しく理解されるようにした、というのが例えば尊者ベーダ（六七三〜七三五）やヨアンネス・クリュソストモスなどの見解である。

母マリアは単に母親としてかくも卓越した子供を「産む」ことで幸せであるにとどまらず、「神の言葉を聞き、それを守る」という実り豊かな生き方において幸せなのである。またいくつかの箇所で、群衆に話しているイエスに向かって「母上と兄弟がたが、あなたに話そうとして外で待っておられる」と告げた者に対して「わたしの母とはだれのことか……天におられるわたしの父のみ旨を行なう人こそ……わたしの母である」と答えた、と記されている。これも聖書註釈をした教父たちの解釈によると、母マリアへの孝愛の否定ではなく、天の御父について教えるという務めが大事であることを確認するものであった。

この第一の務めに関する限り、「わたしよりも父や母を愛する人はわたしにふさわしくない」と言明し、また「わたしのもとに来ても、もし自分の父、母……までも憎まない者は、だれもわたしの弟子になることはできない」と言い切るイエスであってみれば、右のような言葉がその口から出ることはさほど驚くべきことではないであろう。

新約聖書において最後にイエスの母マリアのことが記されるのは、さきに触れた『ガラテヤ書』第四章（第四節）と、『黙示録』第十二章の「足の下に月を踏み、その頭には十二の星の冠を戴いていた」女をマリアの象徴と解するのでなければ、十字架のかたわらに立つマリアと、イエスの昇天の後、エルサレムの宿の高間《たかま》に上がって使徒たち、婦人たち、イエスの親族たちとともに「心を合わせてひたすら祈っていた」マリアである。この後、聖霊が一同の上に降ってイエス・キリストを頭とする一つの体《からだ》としての教会が発足したのもこの高間においてであるとされているから、マリアも当然一同とともに聖霊を受け、「教会の母」としての歩みを始めた、と考えるべきであろう。

これまで新約聖書のうちに見出されるイエスの母マリアに関する記述を、キリスト教思想の形成に寄与した教父たちの註釈や講話を参考にしながら、ごく簡潔に考察したことで、聖母神学はキリスト信仰とは無関係なマリア崇敬・信心が生み出した神学的思弁でもなければ、宗教改革運動に対抗して構築された「党派的カトリシズム」の神学的産物でもないことは明らかになったと考える。

むしろ聖母神学は「神がわれわれの救いのために人間と成り給うた」という受肉（托身）の神秘に全面的に依存しつつ、それから切り離すことの不可能な「神の母・マリア」という信仰の知解をめざす神学的探求以外の何物でもない。そしてここで考察した新約聖書の箇所はすべて「神の母・マリア」の信仰を裏づけるものであるか、少なくともそれを示唆するものと言えるのである。

## 3　聖母神学の形成

### †トマスの神学についての誤解

聖母神学の形成と言っても、古代から近世、現代に到る聖母神学の形成の歩みを詳細に辿るつもりはない。むしろ聖母神学が前節で検討した聖書的源泉から出発して、どのような神学的原理に基づいて形成されたかを明らかにするのが次の課題である。私は神学者として発言する資格はないが、聖母神学は受肉の神秘の神学、すなわちキリスト論の一部門として位置づけるのが適当であり、さらにそのような聖母神学はトマス・アクィナスにおいて高度に完成されたと考えている。ここではトマスの聖母神学が、古代から中世初期に到る教父たちの神学的探究を継承しつつどのように形成されたかを概観する。

トマスの神学について一言すると、一般にアリストテレス哲学を大胆かつ広汎に取りいれることによってキリスト教神学を体系化して壮大な神学的総合を達成した、というのが通説である。それを単純に否定するのは行き過ぎであるが、このような評価ではトマスが実際に成し遂げたことを適切に言い当てることができないことは確かである。

かつてはトマスの思想をアリストテレス研究を基準に解釈する方法が主流を占めていた(すでに十六世紀の著名なトマス註釈家たちにもこの傾向があった)ため、トマスの学説(たとえば類比《アナロギア》の学説)が著しく誤解される弊害もあった。トマスがアリストテレス哲学を、最晩年にも詳細な註解を書くことを敢えてするほど、熱心に学んだのは事実であるが、彼の哲学的探究がアリストテレスとは全く異なった地平というか、視野の広がりにおいて進められていたことは、最初期の著作『在るものと本質について』においてすでに明らかなのである。

トマスを「スコラ神学者」として読むことも様々な誤解へ導くことがある。「スコラ」的な神学は、それ以前の「修道院」的神学が祈りと「聖なる読書」を通じて霊的な完全性を追求するなかで進められた神学的探究であったのに対して、「討論」(disputatio) という騎士の槍試合にも喩えるべき真剣勝負的な共同研究によって推進されたと言われる。ところでトマスは「討論」によって代表される「スコラ学的方法」を重視し、大いに活用することによって常に「新しい」道を切り拓き、「革新者」という印象を同時代の人々に与え、危険視さえされるほどであったが、彼の神学的探究は根本的に修道院神学の精神に貫かれていた。彼の聖母神学はそのことを示すよい例であると言えよう。

### †アウグスティヌス――マリアの聖性の強調

さきにトマスの聖母神学は古代から中世初期に到る教父たちの神学的探究を継承していることを指摘したが、トマスはとくに第一回パリ大学神学部教授時代（一二五六～五九）の後、おそらく聖書註釈の講義のレベルを高めるために教父たちの研究に専念した。その中で大きな影響を受けたのはアウグスティヌス、アンセルムス、ベルナルドゥスの三人からであり、ここではこの三人に限って述べることにする。
アウグスティヌスは「神の母《テオトコス》・マリア」の教義《ドグマ》確定を主要議題とするエフェソス公会議（四三一年）に招待されていたが開催の前年に没したため、波乱に満ちたこの公会議には参加できなかった。またこの教義《ドグマ》をめぐるアレクサンドリア学派（賛成）とアンティオキア学派（反対）の間の熾烈な論戦にまきこまれることもなく、聖母に関する神学的考察を静穏のうちに推し進めることができた。

アウグスティヌスの聖母神学の基本原理として第一に挙げなければならないのは『自然と恩寵について』のなかの次の言葉に見られるようなマリアの完全な聖性の強調である。「聖なる処女（乙女）マリアについては、キリストに対する尊崇のゆえに、罪の問題が論じられる場合には、まったく何ひとつ疑問を提示することを欲しない。というのも、彼女がいかなる罪も有し給わなかったことが確実な御方（キリスト）を懐胎し、出産する功徳を授けられたことからして、われわれは彼女があらゆる面で罪にうちかちうるような豊かな恩寵を授けられた、ということを知っているからである。」この引用が明らかに示すように、アウグスティヌスはマリアの聖性を全面的にキリストとの結びつきにおいて理解している。注意したいのは、ここでマリアが「あらゆる罪にうちかつ」と言われているのは、人が自らの自由意思をもって犯す自罪（peccatum actuale）——大罪も小罪も含めて——

に関してであり、原罪（peccatum originale）については、後にペラギウス主義者エクラスムの司教ユリアヌスを論駁するために着手した未完の著作『ユリアヌス駁論』で明らかにされるように、アウグスティヌスは慎重で微妙な言い方をしている、ということである。

アウグスティヌスの聖母神学の第二の基本原理は、「神の母」マリアが受けた恩寵の満ちあふれは、肉身において神の御子を懐胎したことに限られるのではなく、むしろ限りない謙遜と従順をもって神の御子をわが身に迎えることができるよう、彼女の精神が信仰によって照らされたこととの強調である。『聖なる処女性について』においては「マリアはキリストの肉身を懐胎することにおいてよりも、キリストの信仰を受けることにおいてより幸いなる者である」と明言しており、続いて「マリアが肉身においてよりも心においてキリストをより幸いなる仕方で抱き給うたのでなかったら、母としての身近さはマリアにとって何も益あることではなかったであろう」と言い切っている。

われわれは、神の救いの業が幸《さいわ》いなる処女《おとめ》において現実に生起するのに先立って、特別に神が遣わした天使によって告知されたことはそれこそ当たり前のプロトコル（外交儀礼）のようなものだと考えがちではないか。しかしアウグスティヌスにとって、それはまさしくキリストとその母マリアとの間に見出されるべき結びつきの適切な順序を示すものだった。彼は言う。

「天使がこのこと（神の御子を懐胎すること）を告げた時、彼女はまったき信仰をもって第一に彼女の精神のうちにキリストを懐胎し、ついで彼女のからだのうちに懐胎した。彼女は『わたしは主のはしためです。おことばどおり、この身になりますように』と答えた。彼女は男の種なしに処女が懐胎しますように、彼（キリスト）が聖霊と、そのうちに聖霊によって汚れない教会が生まれるであろう汚れない婦人から生まれますように、と答えたのである。……マリアは信じ、彼女が信じたことは彼女において為された。われわれは（マリアにおいて）為されたことがわれわれを益するように、祈ろうではないか」

アウグスティヌスの広く知られたこの言葉は彼の聖母神学の本質を言い表すものであり、さきに触れたイエスが自分と母との結びつき、母マリアへの敬愛を軽視ないし否定するかのように響く聖書の言葉も、アウグスティヌスの聖母神学のこの原則に基づいて解釈すべきなのである。

アウグスティヌスの聖母神学の特徴としては、マリアがキリストを懐胎するに際しても、出産に際しても、出産の後も常に処女《おとめ》であったことを繰り返し強調すること、ヨセフとの結婚は性的交わりはなかったが結婚のすべての善を成就するものであって、真実の結婚であったことの主張、さらにマリアは処女性の誓願を立てていたという見解、などを挙げることができる。このようなマリアが処女《おとめ》たることの極端とも感じられる強調は、時としてトリビアルな問題を過度に重視しているかのような印象を与えるかもしれない。

しかしアウグスティヌスにとって「神の母」が処女であることは特別の重さをもつことであり、その根底にあるのは（現代のわれわれにはおそらく理解することが極めて困難になった）すべてをキリスト中心に考えるという立場に徹していることである。さきにアウグスティヌスは、マリアはすべての罪にうちかちうるような豊かな恩寵を授けられている、という主張に関して、すべての罪とは自罪を指すものであると述べ、原罪の汚れを全く被っていないか否かに関しては慎重で微妙な言い方をしていることを指摘したが、これもマリアの聖性を全面的にキリストとの結びつきにおいて理解しようとする彼の聖母神学の基本原理に基づくと解すべきであろう。

## †アンセルムス——マリアと原罪の問題

アンセルムスは古くから「聖母博士」(Doctor Marianus) の称号を奉られているが、これは彼の聖母神学よりはむしろ「広く伝えられ、諸々の修道院において測り知れないほどの影響を及ぼし……修道士たちを通じて信徒たちに伝えられ、マリアの執り成しのちからを最も説得的に彼らの心に刻みつけた」とされる聖母マリアへの祈りの作者であることによるものであろう。ところで、アンセルムスは彼の神学的主著とも言える『神はなぜ人間となられたか』の中で、神の母として類いない純潔さをもって輝いていた処女《おとめ》マリアと原罪の問題に触れている。

この箇所でアンセルムスは、人間となられた神、すなわち真の人間にして真の神である救い主イエス・キリストの人間性は全面的に罪を免れていなければならないが、キリストが母マリアを通じて人祖アダムの人間性を受けたのであれば、自らも原罪の汚れにそまった人間性をもって生まれたマリアが、いかにして(原罪も含めて)全く罪のない人間としてキリストを懐胎することができたのか、その理由を十分に論じた。

ところが結びのところで「どのようにして神が罪人の集団(massa)から罪なき人を摂られた(assumpserit)かについて、私は確実な理由を示したと思うが、……さらにあと一つ、私たちが挙げた理由以外の理由がある」と述べており、アンセルムスの唯一の聖母神学的著作である『処女懐妊と原罪について』(De Conceptu Virginali et de Originali Peccato)は、その論じ残された論証も含めて、処女マリアと原罪の問題をより十分に論じたものである。

このことが明瞭に示しているように、アンセルムスの聖母神学はその全体がアウグスティヌスと同じく、神の言《ことば》の受肉という信仰の神秘中の神秘を知解しようとする神学的探求のなかで成立し、推進されていることを第一に確認しておきたい。

ここではこの聖母神学的著作から最も核心的なことを述べている一節を引用する。アンセルムスはこの箇所で、聖母は原罪の汚れを免れなかったが、キリストのちからによって最高に聖化され、潔《きよ》められたことを徹底的に強調している。ちなみにアンセルムスのこの言葉は一八五四年十二月八日、聖母マリアの無原罪の宿り（Conceptio Immaculata）が教義《ドグマ》として確定された時、この教義を宣言する公式文書のうちにほとんどそのままの形で取り入れられたことを付記しておく。

「それゆえ、神の子は最も清い処女《おとめ》から最も真実に懐胎されるが、このことはいわば罪ある親からは義なる子がこの種の出生を通じて生みだされることは理性的にいってありえない、といった必然性から起こったことではなく、むしろこの御方の懐胎は最も純潔な母によってなされることが相応しかったからである。

たしかにこの処女が、それよりも大いなる純潔さは神の下ではなんびとも理解しえないような、かの純潔さをもって輝くべきことは相応しいことであった――なぜなら、父なる神は、御自身の御心からして御自身に等しい者として生まれ給うた独り子をあたかも自分自身のように愛し給うたが、その独り子をこの処女に、（この独り子が）自然本性的に一にして同一であり、そして父なる神と処女との共通の子であるような仕方で、与えるように取り計らい給うた。

そして当の御子はこの処女を実体的に（substantialiter）御自身の母たらしめることを選び、そして聖霊は、御自身がその御方から発出し給うた御者（キリスト）がこの処女によって懐胎され、生みだされることを望み、またそのように為しとげ給うたのだからである。しかしこの同じ処女がどのようにして当の懐胎以前に信仰によって潔められたかは、ここで論じていることについて他の論証を提示した箇所で述べた。」

この一節でアンセルムスは聖母マリアの卓越した純潔さを強調するにあたって、単なる大袈裟な讃辞あるいは感情的な誇張の文言を連ねるのではなく、三位一体なる神のそれぞれのペルソナと関係づけることによって当の純潔さの独自性を明らかにする、という方法をとっている。アンセルムスは聖母マリアについての神学的考察およびマリア崇敬・信心の両者において、十二世紀の開花への橋渡しをしたと評されるが、この一節は、次に述べるアンセルムスの聖母への祈りと合わせてそのような評価を裏づけるものと言えよう。ここではアンセルムスの聖母信心の熱情が最も激しく表明されているように思われる『聖母マリアへの祈り――聖母とキリストの愛を願って手にするために』からその一節を引用する。

「マリアに等しいものは何もなく、神のほかマリアよりも大いなるものは何もない。……すべての存在するものは神によって創造され、そして神はマリアから生まれ給うた。神は万物を創造し給い、そしてマリアは神を生み給うた。万物を創造し給うた神、その神は御自身をマリアから創り、こうして創造し給うていた万物を再創造し給うた。……それゆえ神は諸々の被造物の父であり、マリアは再創造された万物の母である。神は万物の秩序づけの父であり、マリアは万物の再建の母である。というのも、神は万物がその方によって造られたところの御方（第二のペルソナである言《ことば》）を生み給うたのであり、マリアはその方によってすべての者が救われた御方（キリスト）を産み出し給うたからである。神はその方なしにはまったく何も存在しない御方を生み給うたのであり、マリアはその方なしには何者も善く在ることのない御方を産み出し給うた。」

たしかにアンセルムスは、神の下ではそれよりも大いなるものはなんびとも理解できないマリアの「神の母」としての卓越性と栄光を力強く、説得的に讃えており、彼の聖母マリアへの祈りが絶大な影響を及ぼしたのも当然と思われる。しかし同時にこの美しい祈りが、聖母マリアの卓越性と栄光を人間となり給うた神であるキリストの神秘の光の下に理解しようとする彼の聖母神学に裏づけられたものであることを見落としてはならないであろう。

## †ベルナルドゥス――熱烈な聖母讃美

ベルナルドゥスについてはさきに天使ガブリエルによる処女《おとめ》マリアへの受胎告知についての聖書註釈の講話《ホミリア》『おとめなる母をたたえる』を取り上げたが、この作品は聖母マリアの謙遜や純潔の徳を讃える講話・説教であって神学的論考ではない。

彼のもう一つの有名な聖母讃美の著作『水道について (De Aquaeductu)』も聖母誕生の祝日に行ったとされる説教であり、聖母神学の歴史において重要な位置を占める彼の有名な言葉もリヨンの司教座聖堂参事会員たちに宛てた書翰のうちに含まれている。「私はまさしく私の時代のキマイラです」と敢えて言い切った彼は、自分は学者ではない、という姿勢を終生貫いたが、そのことは彼が十二世紀に輩出した多くのヒューニストの中の最も卓越したひとりであり、また神学の歴史の中で画期的な位置を占める神学者であることをいささかも妨げるものではない。

『おとめなる母をたたえる』は聖母マリアを熱烈に讃える言葉で満ちているが、その根底には「マリアは神の母である」という明確な神学的命題――「まことに彼女が産み出された御方は神である」――があることを見落としてはならない。マリアは万物の創造主である神が人となり、人から生まれるために選び給うた、あるいは「むしろ母として造り給うた」御方である、という信仰がこれらすべての讃美の言葉にその形と生命を与えているのである。

ベルナルドゥスの熱烈な聖母讃美がキリスト中心の根本的立場に根ざしていることを明確に示すもう一つの例が、前述の説教『水道について』である。この説教は冒頭で天国と地上の生との著しい対照を強調し、この二つを結びつける水道ないし水路としての聖母マリアの役割を浮き彫りにする。「天国はみのり豊かな処女の現存をかき抱き、地は（処女マリアの）追憶をあがめる。こうして、そこ（天国）にはたしかに善きものの全体が示されているが、ここ（地）では思い出が見出されるだけである。そこには満腹があるが、ここには初物の僅かな味見といったものしかない。そこには実在《レス》があるが、ここには名前《ノーメン》しかない。」

ここから進んでベルナルドゥスは、主キリストが永遠の生命の源泉であり、恩寵の水源であって、聖母マリアは生命と恩寵の水をわれわれのもとにもたらす「水道」(aquaeductus) であることを明らかにする。しかし、ここで見落としてはならないのは、「恩寵の水道」である聖母マリアの存在は、永遠の生命の充満そのものであるキリストが、われわれを義とし、聖化し、赦しを与えるために「御自身を虚《むな》しくされた」すなわち人となり給うたことにもとづく、ということである。

このように「恩寵の水道」マリアという思想の全体がキリスト中心の視点から構築されている。しかし、そのことは当の水道の価値を低めるものでは決してない。「まことに

（この水道は）太祖ヤコブが見たあの梯子のように、その最高部は疑いもなく天国に触れている、いな天国をも超え出て、天国のかなたの諸々の水、その生命の極みである水源に到達することができる」のである。

ベルナルドゥスの聖母讃美や崇敬は、その全体が「マリアは神の母である」という信仰に根ざし、そこから発現するものである。聖母信心や崇敬の慣行がこの「キリスト中心」の原則から逸脱していると判断した場合、ベルナルドゥスは厳しい態度をとった。リヨンの司教座聖堂参事会員たちに宛てた『書翰　第百七十四』はそのことを明確に示すものである。「だが、主の御母は尊崇すべきであるとあなたは言う。その戒めはよい。しかし元后《レジナ》の尊崇にあたっては判断が大事である。元后なる処女は偽りの尊崇を必要としない……」。

ベルナルドゥスが問題にしているのは聖母の無原罪の御宿りの祝日を祝う慣行である。ベルナルドゥスはアウグスティヌスの原罪論にもとづいて、聖母マリアが処女なる母によって懐胎されたのでないかぎり、肉の交わりから切り離すことのできない欲情によって原罪の汚れを被ったとしなければならない、と考える。マリアは原罪の汚れを免れていたという主張は、彼女が聖霊によって処女のうちに宿ったことを意味し、これまで教会はけっしてこのようなことを教えなかった、とベルナルドゥスは言う。

たしかにマリアは聖霊によって栄光に満ちて（キリストを）懐胎した。しかし彼女がそのように（彼女の母のうちで）懐胎されたのではない。マリアは処女として（キリストを）産んだ、しかし彼女が処女から生まれたのではない、とベルナルドゥスは強調する。最後に彼は次の言葉でもってこの書翰を結んでいる。

「しかし、わたしが述べたことは、たしかに、より賢明な人々によってより健全に語られたことを排除する意図をもって述べたのではない。何より第一に、わたしは、この種の他の問題と同様に、すべてをローマ教会の権威と審査に委ね、わたしの理解に何かそこから外《はず》れたことがあれば、教会の判断に従って、それを改める心構えである」

このようにベルナルドゥス自身は、マリアは懐胎においては原罪の汚れを免れなかったが、その後、母の胎内において聖化され、潔められた、という立場に与しているが、そのような見解をとるように彼をうながしたのは、キリスト中心の神学的視点だったことをここで繰り返し強調しておきたい。

### †トマス・アクィナス——聖母を愛する「詩人」

トマスの総合的な神学的著作はパリ大学で教授資格取得のために行ったペトルス・ロンバルドゥス『命題論集』の註解講義である初期の著作『命題論集註解』、カトリック信仰の真理を否定する不信の徒を論駁した中期の『対異教徒大全』および未完に終わった主著『神学大全』の三つであるが、ここでは約二十年の歳月を隔てて書かれた第一と第三の著作における聖母神学を比較することで、さきにトマスにおいて「高度に完成された」と述べた聖母神学の形成についての概観を締めくくることにしたい。

まずキリストが現実に聖霊によって処女マリアの胎《はら》に宿るのに先立って天使による告知が行われることの相応しさに関するトマスの説明を見ると、微妙だが重要な違いが認められる。前者では神は強制された奉仕ではなく自発的な奉仕を嘉《よみ》し給うのでマリアの同意を求められた、と言われているのに対して、後者においては「自発的な贈物としての奉仕」という表現もあるが、重点はキリストの肉身の懐胎よりもキリストの信仰を受けることが優先する、というところに置かれている。

さらに処女マリアの同意は人間本性を代表して与えられるという新しい論点も加わっており、キリストの恩寵を人類全体に伝える中保者（mediatrix）としてのマリアが強調されている。恩寵の創出者であり、真の源泉であるのはキリストのみであることを注意深く指摘しつつ、マリアはその恩寵の創出者に最も近く、恩寵を人類すべてにもたらす者であることが強調されているのである。

もう一つはこれら二つの著作の中間の時期に、トマスは東方ギリシア教父および西方ラテン教父による聖書註解・釈義の膨大な知的遺産を極めて精力的に継承することに努めており、神学者トマスが自らの神学的探求の中心に聖書の研究を据える、という神学者としての根本的立場を著しく成熟させたということである。それは彼が自らの聖母神学を一貫して聖書のテクストの歴史的または字義的意味（sensus historicus vel litteralis）に即した解釈の基礎の上に構築することを試みた、ということに示されている。

それは言いかえると、当時広く流布していた「われらの貴婦人《ノートル・ダム》」をめぐるロマンティックな伝説や神話が、大衆の聖母崇敬・信心を「誇張された敬虔」へとゆがめる傾向に対処しようとする神学者としての配慮の表れであった。

ところで『神学大全』においてわれわれに語りかけるのはそのような「神学者」トマスだけではない。彼の神学的聖母論のなかには、キリストを宿すことによって彼女の肉身も栄光に輝き映えた、あるいは至福なる処女は何ひとつ自罪を犯すことがなく、『雅歌』第四章（第七節）において「わたしの愛する者よ、あなたは何もかも美しく、あなたのうちに傷はひとつもない、と言われたことが成就した」などの箇所のように、聖母を愛する「詩人」トマスの声もまじっているのである。

## 4 「無原罪の御宿り」をめぐって

### †トマスはなぜ「無原罪の御宿り」を否定したか

「無原罪の御宿り」(Conceptio Immaculata)、すなわち聖母マリアは彼女の母親の胎に宿った最初の瞬間から原罪の汚れを完全に免《まぬが》れるように守り、保全する神の特別の恩寵を授かっていた、という教えが聖書のうちに明確に記されていないことを問題にする必要はないし、聖書に記されていないから信じるのは誤りだとも言えない。使徒パウロは『ローマ人への書翰』第五章(第十二〜二十一節)で明確に原罪について述べているが、「原罪」という言葉は使っていない。

原罪が神学的概念として明確に意識されるのはアウグスティヌスとペラギウス派との間の論争がその始まりとされており、そのアウグスティヌスは(前述のように)聖母マリアと原罪との問題に関しては微妙で慎重な発言をするにとどまっているのである。

ところがこの後、東方教会ではマリア信心が勢いを増し、八世紀末頃からマリアの母アンナがマリアを懐胎したことを祝う祝日（十二月九日）が定着し、典礼文や祝日説教ではマリアが初めから「全く清らかな方」であったと称《たた》えることが慣習化したとされる。そしてこのマリア信心は西方教会にも伝わって十二月八日がマリアの御宿りの祝日として祝われるようになった。アンセルムスとベルナルドゥスがこのような聖母信心の高まりに伴って盛んになったマリアの無原罪の御宿りを祝う慣習に反対したことはすでに述べた。

ところでトマス・アクィナスが聖母の無原罪の御宿りを一貫して否定したのに対し、一世代後のヨハネス・ドゥンス・スコトゥスは聖母が原罪の汚れを完全に免れていたことを確立する論証を提示した、というのが通説である。ここからしてトマスは無原罪の御宿りが教義《ドグマ》として確定されることに反対した、あるいはその妨げになったと言われ、スコトゥスはこの教義の確定に貢献したと言われる。

一見、その通りであるように思われるが、これまで述べたところから、トマスは確かに処女《おとめ》マリアに原罪の汚れを完全に免れるという恩寵の特権を積極的に認めることはなかったが、この恩寵の特権を単純に否定した、と言うこともできないことが明らかになったのではないだろうか。なぜなら、トマスは結論としてはこの教義の否定にあたることを述べているが、その前に彼が行った論点の整理と基本的原理の明確化は、この教義の確定に向けての準備として大きな役割を果たした、と言えるからである。

トマスが聖母マリアは原罪の汚れを免れてはいなかったと述べている主要テクストは次の通りである。「もし至福なる処女の霊魂が決して原罪の汚れにとりつかれることはなかったのであれば、このことは万物の全的な救い主（universalis omnium Salvator）としてのキリストの尊厳を毀損することになったであろう。……しかし至福なる処女は確かに原罪の汚れを蒙りはしたが、母の胎から生まれる前にそれから潔められた。」

「母の胎から生まれる前」とは厳密にいって何時であるかについてトマスは明言を避けているが、それはマリアが母の胎内で理性的霊魂を注入された後（post ejus animationem）、母の胎から生まれ出る前の比較的早い時期であることは確かである。なぜなら母の胎内での聖化、すなわち潔めは、罪過あるいは邪欲の何らかの汚れからの潔めではなく――そのような潔めは必要なかった――キリストの受胎、すなわち神の母になることへの準備として、マリアの最大の純潔を守り、保つための潔めであったからである。

マリアに神の母であるための資格を与えるこの最大の純潔が恩寵の満ちあふれによるものであったことについて、トマスはこう述べる。「至福なる処女マリアは恩寵の創り主に最も近い者となるほどの恩寵の満ちあふれを取得した。その近さは、すべての恩寵に満ち満ちる方を自分のうちに受け取るほどのものであった。」

右で傍点を付した箇所で為されている区別は特に重要である。処女マリアの潔めは原罪と結びつく罪過あるいは邪欲からの潔めではなく、神の母としての最大の純潔を守り、保つための潔めであった。ということは、聖母マリアは「確かに原罪の汚れを蒙りはした」とトマスが言うとき、それは「罪過あるいは邪欲の何らかの汚れ」を含むものではなかったことを意味する。言いかえると、「原罪」を何らかの罪過としての邪欲、すなわち感覚の無秩序な暴走と同一視するならば、トマスはその意味での「原罪」を聖母マリアは全く免れていた、という立場だったことになる。

問題は「原罪」の本質を厳密にどのように把《とら》えるかであり、ここではその問題には立ち入らない。ただ私が強調したいのはトマスは無原罪の御宿りの教義を積極的に支持することはしなかったが、それはどこまでも万物の全的な救い主としてのキリストの尊厳を損なわないためであり、他方神の母マリアの最大の純潔を神学的に正しい仕方で確立するためだった、ということである。

### †純潔はキリストの恩寵による

ところで、右に引用したテクストにおいてトマスが自らの立場の根拠とした二つの根本的原理、すなわち①キリストは万物の全的な救い主であり、聖母マリアもキリストの恩寵によって救われた、②聖母マリアを聖化し、潔めた恩寵は彼女の最大の純潔を守り、保つ恩寵であった、という基本的原理は、前述した一八五四年十二月八日、聖母の無原罪の御宿りを教義《ドグマ》として宣言した教皇ピウス九世の大勅書「インエッファビリス・デウス」が、その冒頭において聖母マリアが原罪から免れていたことの根拠として明白に示している原理なのである。「人類の救い主キリスト・イエスの功績を考慮して、処女マリアは、全能の神の特別な恩恵と特典によって、その懐胎の最初の瞬間において、原罪のすべての汚れから、前もって保護されていました」。

ここで処女マリアに神の母であるための資格として、無原罪の御宿りという純潔が与えられたのは、人類全体の救い主であるイエス・キリストの功徳と恩寵によるものであり、そしてその恩寵による潔めが処女マリアを原罪のすべての汚れから守り、保ったことが明らかにされている。

では、トマスはこれら同じ基本原理を明確に意識しながら、なぜ「インエッファビリス・デウス」と同じ結論を下すことができなかったのであろうか。彼はなぜマリアは恩寵によってただ一つの小罪も犯さなかったという最大の純潔が与えられたことを肯定しながら、(それと実質的には同じことである) 原罪の汚れから完全に守られていたことを肯定できなかったのであろうか。

それはただ一つ、処女マリアが人類のすべての成員と同じく、救い主キリストによって原罪から解放され、贖《あがな》われたことを肯定するのでなければ万物の全的な救い主としてのキリストの尊厳を毀損することになる、という理由によるものであった。言いかえると、処女マリアが原罪の汚れを完全に免れていたことの肯定は、すべての救いと贖いはキリストの恩寵によるという信仰を危うくするものと受けとられたのである。

## †スコトゥスの偉大なる発明

では、処女マリアの最大の純潔か、キリストの尊厳か、というジレンマを逃れる可能性はなかったのか。実はトマスの心には浮かぶことのなかったその可能性を発見したのがドゥンス・スコトゥスであった。

スコトゥスはこう論を進める――もしマリアが原罪から保護されていたとしたら、そのことはキリストの贖いの業への依存から彼女を除外することになったであろうか。否、その反対である。そのときにはマリアは他の誰にもまして彼女の贖い主としてキリストを必要としたであろう。というのも、もし仲保者キリストの恩寵がそれを阻《はば》んだのでなかったら、彼女は原罪を蒙っていたであろうからである。このようなわけで、他の者がすでに蒙っていた原罪をキリストの功徳を通じて赦していただくためにキリストを必要としたように、マリアは自分が全く原罪を蒙ることがないようにあらかじめ守ってくださる仲保者をより以上に必要としていたのである。

スコトゥスのこの議論は、処女マリアの最大の純潔か、万人の救い主キリストの尊厳か、というジレンマの二つの角《つの》のそれぞれを、いわば最高の完全性まで高めることによって、それらが互いに衝突するのではなく、むしろ力を合わせて一つの方向に進む可能性を示したものと言えよう。それは二人の優れた研究者が「スコトゥスの偉大なる発明」「その明敏さそのものから言って、キリスト教思想のうちで、それと並ぶものはあまりない（もしあったとしても）思弁的な離れ技」と評した通りの卓越した神学的洞察である。

このように処女マリアの最大の純潔を「無原罪の御宿り」という言葉で言い表すことは万人の救い主キリストへの依存を排除して、その尊厳を毀損するのではなく、かえってキリストの恩寵へのより大いなる依存を含意するものである、という逆説的な洞察をなぜトマスは手にすることができなかったのか。私自身「なぜ」という疑問を感じないわけではないが、答えを期待できる問いであるとは考えない。

これまで繰り返し強調してきたように、彼は自らの聖母神学を「聖母はキリストとの関係においての外は理解できない」という基本原則に基づいて構築し、万人の救い主であるキリストを中心に据える立場を堅持したが、その神学者トマスにとって「聖母の無原罪の御宿り」を祝う慣行はキリストの尊厳を毀損する虞れのある「偽りのマリア尊崇」と映り、彼女はそのようなものを必要としない、と考えたのである。無原罪の御宿りに関するトマスの神学的立場の根底にあったのは、さきに触れたニューマンが「御子ゆえのマリアの栄光」という美しい言葉で集約した聖母理解であったことの確認をもってこの考察を結ぶことにしたい。

## 5 日本的霊性と聖母マリア

### †日本の宗教における「信」の不在

さきに「カトリシズムと日本的霊性」について暫定的に考察した際に、絶対者の世界および人間への内在を徹底的に肯定する日本的霊性は「(絶対者たる)神は天地万物を無から創造した創り主である」という神の絶対的な超越性を基本的信条の冒頭で明確に宣言するカトリシズムとは根本的に相容れない、という広く受け容れられている通念は皮相的な見方であることを指摘した。

むしろ鎌倉時代に浄土系思想と禅の思想との出会いを通じてそれまで習俗の段階にあっ

た古来の宗教意識が飛躍的に成就することによって成立した日本的霊性は、絶対者が絶対者であることの決定的な証《あか》しを、絶対者の絶対的な自己否定ともいうべき「絶対者の無縁の大悲」のうちに見てとる境地に達した。そしてこのことによって、日本的霊性は絶対者の絶対的超越を排除することなく、絶対者の世界への内在、そして（個々の人間の）自己との合一を徹底的に肯定する道を見出したのであった。

ではこのことによって日本的霊性とカトリシズムを隔てる壁ないしは越え難い溝は完全に除去されたのかと言えば、私は聖母マリアの神学的意義について改めて考えることによって、そうではなかったことに気づいた。それは日本的霊性には絶対者の無縁の大悲を全面的・無条件に肯定して、依《よ》り頼む信心ないし信頼としての「信」は見出されるが、「教える神」（Deus docens）の言《ことば》に聴従することを通じてまず神に近づく「信」（fides）という要素は不在ではないか、ということである。

なぜなら大乗仏教の影響下にある日本的霊性においては宗教的探求ないし求道の究極にあるのは無知あるいは疑惑からの解脱としての悟りであって、「教える神」に学ぶことを通じての啓示された真理の信仰ではないからである。

したがって、悟りの道における先達への信頼という意味での「信」、あるいは絶対者の慈悲に無条件に帰依する信心としての「信」はありえても、神を「顔と顔を合わせて」見る永遠の生命に到る道は、現世における信仰に始まり、希望を経て、神との完全な合一である愛《カリタス》に到る、という意味での「信」は、日本的霊性にとっては未だ「未知の国(terra incognita)」だったのである。

## †キリシタンと聖母マリア

私は日本的霊性がカトリシズムと真に出会うことを恐らくは困難にした「信」の不在というこの苦境において、援助の手を差しのべたのが聖母マリアではなかったかと想像している。私はこのことを裏づける明確な歴史的事実を手にしているわけではない。私が自分の主張を根拠づけるために言うことができるのは、ただ一つ聖母マリアはキリスト信仰の最高の模範であり、マリアに親しみ、マリアに倣《なら》おうとする者は、真実の意味でキリストを信じる道を歩む者だ、ということである。

聖母マリアがキリスト信仰の最高の模範であることは、「聖書と《神の母》マリア」の問題を考察した際に詳しく説明したので改めて述べる必要はないと思う。神が人類の救いのために人となり給うというキリストの神秘を、そこにこめられた神の限りない慈しみとまことを完全に受けとめることによって信じ、「わたしは主のはしためです。おことばどおり、この身になりますように」と答えることによって神の救いの業の実現への道を開いたのはまさしく処女マリアの信仰であった。

ここではかつてわが国のキリシタンが、イエス・キリストは天地万物を創造した真《まこと》の神であって真《まこと》の人間である、というキリストの神秘を信じ、その信仰によって生き抜くことができたのは、彼らが心から親しみ取次として頼りにしたサンタ・マリアは神の母であるという教えによって力づけられ、励まされるところが大きかったのではないか、ということを指摘するにとどめる。

そのことを示す一つの例は、一八六五年三月十七日、長く過酷な迫害に堪えてカトリック信仰を守り抜いた信徒発見の出来事である。この日、新たに建設されたばかりの長崎、大浦の天主堂を訪ねた浦上キリシタンのグループが自分たちの真実の信仰を証しするためにサンタ・マリアのご像の在《あ》り処《か》を尋ねたという。

キリスト信仰にとって、また救いの歴史において聖母マリアは何ら重要な意味を有しないと考える者は、この浦上キリシタンの行動は昔風のカトリック信者が取りそうな奇妙な行動パターンに過ぎないとしてかたづけるかもしれない。しかし私は、かつて日本のキリシタンにキリストの福音が伝えられたときに、サンタ・マリアの信心と崇敬という贈物も手に入れたということが、彼らのキリスト信仰を単に主観的な確信や信念のレベルにとどめるのではなく、救済史の現実のなかで生きて働くキリスト信仰たらしめた——「神の母」マリアのキリスト信仰はまさにそのような信仰であった——のではないか、と想像している。

# 第七章
# 救いと教会

## 1 「宗教改革」について

### †宗教改革は「教会改革」

「カトリシズムにおいて教会は根本的にどのように理解されているか?」──この問いを前にして、はじめに「宗教改革」に言及するのはなぜか。私は長い間「改革」Reformation と呼ばれる宗教的運動──マルティン・ルター(一四八三〜一五四六)やジャン・カルヴァン(一五〇九〜六四)によって推進され、十六〜十七世紀にヨーロッパ・キリスト教会を分裂させてプロテスタンティズムを成立させたのであるが、同時に巨大な社会・政治的変革を伴う革命的運動であった──を「宗教改革」と呼ぶのは誤りで、「教会改革」と呼ぶのが正しいと考えてきた。

ルターやカルヴァンが目指したのは堕落し有害なものとなったローマ・カトリック教会の教皇を首長とする聖職位階制度を破壊して、「恩寵のみ」「信仰のみ」「聖書のみ」の根本原則に基づいて、根元的に教会を革新することであり、「キリスト教」という宗教を変革することではなかったのだから、というのがその理由であった。

「教会改革」であれば、「教会は常に改革されるべし」(Ecclesia semper reformanda) という戒《いまし》めは昔から教会の内部でその重要性が自覚され、現実に様々な形で実践されてきていた。もともと「宗教改革」もその一つであったのが、たまたま民族国家主義の勃興を始めとする様々な「キリスト教社会」の統一をゆるがす歴史的条件が加わったために教会の「改革」ではなく「分裂」という結果に到った、と考えたのである。

しかし贖宥《しょくゆう》制度(わが国では「免罪符」という誤解を招きやすい用語が用いられてきた)の乱用を非難するという教会改革運動として始まった「改革」はやがて前述した「恩寵のみ」「信仰のみ」「聖書のみ」の根本原則をめぐるより深刻な対立抗争へと移行した。この段階では「改革」は最早、教会制度の乱用、そのことをめぐる聖職者の腐敗堕落の非難という教会改革の枠を超え出て、キリスト教、正確には「キリストの教えに基づく《神の礼拝と奉仕の道》」(religio Christiana) という宗教《レリギオ》そのものの変革を目指す運動であった。その意味ではやはり「改革」Reformatio は「教会改革」ではなく、「宗教改革」と呼ぶのが適当ではないか、と今では考えている。

## †カトリシズムにおける教会

カトリシズムの「教会」理解の解説に先立って、「宗教改革」について一言したのは、右のような反省の意味もあるが、実はカトリックの場合、「教会」と「宗教《レリギオ》」は本来切り離すことのできないものだ、と言いたかったのである。つまりカトリシズムにおいては「教会」理解はカトリシズムの本質、言いかえるとカトリック的宗教態度の核心に属するのであって、単に外面的な制度に関わることではなく、宗教の核心に属することなのである。

何よりも「教会は何であるか」は、信者が信じて告白すべき信仰箇条に属することである。初代教会以来、洗礼に際して宣言すべき信仰箇条を要約した「使徒信条」(Symbolum apostolicum) においては「聖なる普遍の教会」(sancta Ecclesia Catholica) とのみ記されているが、「ニケア・コンスタンティノープル信条」においては「聖なる、普遍の、使徒的、唯一の教会」(una sancta catholica et apostolica Ecclesia) とより厳密に規定されている。

ところで教会が信ずべき事柄として教え、伝える信仰箇条のなかに「教会」が含まれていること、つまり信じなさいと教えている教会がそれ自体信仰の対象でもあることを奇妙に感じる者がいるかもしれない。カトリックの教会信仰は循環論法であると現実に非難されてきたのである。

確かに信ずべき事柄を教え伝える教会と信仰の対象としての「教会」が全く同一の観点から捉えられているとの意味で同じものであったならば空虚な循環論法に陥ることになろう。しかし今の場合、信条を教え伝える教会はそのような教導の職務を遂行する外的機関としての教会であり、信仰の対象としての教会は神によって啓示された神秘としての教会であるから右の非難は全くあてはまらない。

むしろ「私は一・聖・普遍《カトリック》・使徒的である教会を信じます」という信仰告白の意味について認識を深めることはカトリシズムを理解するための最善の途——少なくともその一つ——であるように思われる。カトリック教会の構造、組織や制度、特徴などについて様々な説明や議論はあるが、何より根本的に教会は信仰の神秘にほかならぬからである。

## †教会はキリストの体——パウロの信仰

カトリック教会は根本的に信仰の神秘である、という言明は決して謎めいた深遠な真理を言い表そうとするものではない。むしろこの言明が意味しているのは使徒パウロが繰り返し「教会はキリストの体《からだ》である」と述べているのと同一のことである。福音書によるとイエスは「悔い改めよ。天の国は近づいた」「時は満ち、神の国は近づいた。悔い改めて福音を信じなさい」という言葉で福音宣教を開始し、すべてを成し遂げ、弟子たちから離れて昇天するにあたって「すべての国の人々を弟子にして洗礼を授け、わたしがあなたたちに命じたことをすべて守るように教えなさい」という言葉で御自身が開始された神の国の建設の仕事を継続するように訓《さと》した上で「わたしは世の終わりまで、いつもあなたたちとともにいるのである」と約束された、という。

「世の終わり」とはイエスが弟子たちとその後継者すべてにその建設の仕事を託された「神の国」、「天の国」すなわちイエスの体である教会の最終的な完成にほかならない。したがってイエスは常に教会のうちに現存しておられる、と福音書は証言しているのである。パウロが「教会はキリストの体」というのは決して象徴や比喩ではなく、キリストが教会に常に現実に現存しているという信仰の表現であり、そのことのゆえに教会は信仰の神秘であり、何よりも信仰の対象なのである。

われわれの間で広く受け容れられている「教会」観は、教会はキリスト信者あっての教会であり、まず信者が存在して初めて信者たちの共同体としての教会が成立する、というものであろう。教会が「キリストの体」と言われるのは、人間の体に様々な機能を果たす部分があり、それら諸部分が自らの機能ないし役割を適当かつ有効に果たすことで体の生命が維持され、体として活動することができるのと同様に教会もその頭であるキリストの下で諸々の部分がそれぞれの役割を果たすことで成立しているのだ、と一般には考えられているのではないか。

しかしパウロは、教会は十字架に付けられて死に、復活したキリストの生命《いのち》によって根源的に存在せしめられるものであり、キリストの十字架の死にあやかってキリストと一体になった者が、キリストに従って復活し、キリストとともに生きる者となって出来上がった「キリストの体」であると考えていたのではないか。「キリストとともに死んだのなら、また、キリストとともに生きることにもなるとわたしたちは信じます」とパウロは言う。

カトリシズムの「教会」理解は、このようなパウロの信仰に基づいて教会をキリストの生命《いのち》――それは人間となった神の超自然的な永遠の生命である――によって生きる者となったキリスト信者たちが形成する「キリストの体」と見なすものである。その意味で「教会」は何よりも根本的に「信仰の神秘」なのである。

### †神的要素と人間的要素の合一

教会は何よりも根本的に「信仰の神秘」であるというカトリシズムの「教会」理解は、教会を「宗教的」という形容詞を付けながらも本質的に人間である信者が形成する人間的組織・制度であり、人間の共同体であると考えている人々にとっては、教会を一挙に人間の世界から神的な領域に移してしまうものと映り、大きな驚きとともに反発の感情を呼び起こすのではないだろうか。

カトリック信者は自分たちの教会を「神の国」「天の国」と同一視し、キリスト自身の神的な生命《いのち》によって生きる「聖なる」キリストの神秘体だと主張しているのか。信者はキリストを頭とする体の部分ではあっても、この世を旅する人間である限り常に悔い改めを必要とする罪人であることを忘れたのか——このような反発を呼び起こし、批判を浴びるのではないか。

実を言うと、この種の批判は、人々の目に映る現象としてのカトリック教会としては、常に誠実かつ真剣に受けとめるべき戒めであるが、本質としての教会を理解しえないところから出てくる批判である。この種の批判の根底にあるのは「恩寵のみ」「信仰のみ」という根本原理が前提している超自然と自然、恩寵と自由意思、より一般的には神的要素と人間的要素を相互分離的ないし相互排除的に捉える立場にほかならない。

言い換えると、この批判の根底に在るのは近代思想の根本的前提としての信仰と理性の分離、超自然の（目に見える世界よりはより真実に「在る」という意味での）実在性の否定、を主な柱とする世界観であり、この世界観にどう対処するかがカトリックの「教会」観、ひいてはカトリシズムそのものを理解できるか否かの鍵を握っていると言えるのである。

これまで述べてきたことで、カトリック的「教会」観の解説の冒頭で「宗教改革」に言及したことの意味は十分に明らかになったのではないかと思う。わが国にはキリスト教を「神学」の立場からではなく、神学も排除しないがより綜合的な視点からキリスト教を学問的に研究する「基督教学」の理念に基づく日本基督教学会がある。この学会である時、ひとりの報告者が「われわれは宗教改革をもってキリスト教元年とする「常識」からそろそろ脱却すべきではないか」と発言するのを耳にして新鮮な驚きを覚えた記憶がある。

確かにキリスト教に二千年を越える歴史があることを知らぬ者はないが、ごく限られた研究者グループを別にすれば、一般に流布しているキリスト教に関する常識ないし通念は近代の宗教改革以後のキリスト教に妥当するものに限られていて、さきの報告者の発言を軽口や冗談としてかたづけることはできないのである。

ここでは「キリストの体」である教会はそれに生命《いのち》を与えるのが人となった真《まこと》の神であるキリストであるがゆえに、根本的に信仰の神秘であり「聖」であると同時に、この体を構成するのは常に悔い改めを必要とする罪人たる人間であるが故に、真実に人間的共同体でもある、という神的要素と人間的要素の合一について詳しい説明に立ち入ることはできない。

しかし、この合一の実在性の根拠はキリストが真《まこと》の神であり真《まこと》の人間であるという受肉の神秘であり、この神秘を信仰の真理として肯定するキリスト信仰がこのような「教会」観を支えている根拠であることはとくに強調しておきたい。カトリシズムはキリストの神秘体である霊的共同体と目に見える組織・集団とを決して二つの実在とは考えず、神的要素と人間的要素を併せ持つ、一つの実在であると理解する。

この理解を成立させる根拠は、救いの業の全体が神の恩寵の働きであることは決してそこに救われる人間の協力が含まれることを排除するものではなく、人間が自らに与えられた能力の限りを尽くして神の救いの業に協力することは、救いの業の全体が神の恩寵によるものであることをいささかも損わない、という信仰の真理である。この絶対的な矛盾とも見える信仰の逆説《パラドックス》がカトリシズムの特徴であり、近代思想に対する知的な挑戦であると言えるのではないだろうか。

## 2　教会とは何か

### †救いの業の「恒久化」

では「キリストの体」であり、その頭であるキリストの霊によって生きている教会とは何であるか。「何か」という問いは教会のような共同体、組織、制度の場合、何のために在るのかという目的を第一に問うものであるから、何よりその点に留意しながら答えを探す必要がある。まずこの問題に関して古典的な位置を占める第一バチカン公会議（一八六九〜七〇）の『キリストの教会についての教義憲章Ⅰ』「序文」冒頭の一節に目を向けよう。

「永遠の牧者、そしてわれわれの霊魂の守護者は、人類を贖う救いの業を恒久的なものとするため、あたかも生ける神の家におけるごとく、そこにおいてすべての信者が唯一の信仰と愛の絆によって結ばれるように、教会を建てることを決定し給うた。それゆえ、栄光の輝きに入る前に、主は御父に、使徒たちのためだけでなく、使徒たちの言葉によって御父を信じるようになるべきであった者たちのために、彼らがすべて、御子自身と御父が一であるごとく、一となるように請い願われた。このようなわけで、主がこの世から選んだ使徒たちを、自らが御父から派遣されたのと同じように、派遣し給うたごとくに、そのように彼の教会においても世の終わりまで牧者たちと教師たちが存在することを主は意志し給うた」

この引用から明らかに読み取られることは、救い主であるキリストが教会を建設することを意図したのは、自らの人類を贖うという救いの業を「恒久化する」(perenne reddo)、すなわち様々な困難、障害、危険に堪え、うちかって救済の業が世の終わりまで継続されるためであった、ということである。その教会とは、そこにおいてすべての信者が生ける神の家におけるように、唯一の信仰と愛の絆によって結ばれる共同体であり、キリストはすべての信者が、キリストと御父が一であるのと同じように一であることを意図したのであった。

したがって、教会が建設された目的はキリストの救いの業の永続的な遂行であるが、この目的はすべての信者が唯一の信仰と愛の絆によって結びつき、キリストが望むような仕方で「一」であるのでなければ実現されない。ところがこのように教会が「一」であり続けるために「世の終わりまで牧者たちと教師たちが存在する」ことをキリストは望み給うた、と第一バチカン公会議の教義憲章は説明している。

これまでの説明をまとめると、教会とは「キリストの救いの業の永続的な遂行を目的とするキリスト信者の共同体」であるが、この目的はすべての信者がキリストが望む仕方で「一」であることを要求する。そしてキリストは教会が「一」であり続けるようにと「世の終わりまで牧者と教師が存在すること」を意志した、ということになろう。そうすると、さきに述べた宗教改革において、個々の信者の魂と神或いはキリストとの直接的な交わりを妨げる邪魔物、キリスト信者の自由を束縛する無用な障壁として非難された教会の教皇を頂点とする教導権ないし聖職制度は、むしろ教会の本質的な徴しである「一」たることを実現するために存在することになる。つまりそれらは「信者をしてより親しく、且有効に神、キリストと交わらしめるための、キリストの愛が案出した機構」と解すべきであろう。

言うまでもなく私は、カトリック教会の本質的な特徴である位階秩序的な聖職制度についてのこのような解釈が容易に理解され、是認されるとは考えていない。それが是認されるのは、教会はすでに存在していた信者たちが合意の上で形成したものではなく、今も生きて救いの業を行っているキリスト自身が設立したものであり、信者はむしろキリストの業である教会が産み、育てる果実である、という前提が認められている場合に限られる。

言いかえると、さきに強調したように教会は根本的に救い主キリストの神的な業なのであり、信仰の神秘なのである。しかも教会が根本的に神の業であることは教会において信者たちが、人間として常に悔い改めつつ、キリストの救いの業に協力して、教会を維持し、発展させることといささかも抵触するものではない。繰り返して言うがこうした神的要素と人間的要素が分離・対立することなく、それぞれの完全性を保ちながら完全に合一し、一体となって働くことを認め、主張するのがカトリシズムの特徴なのである。

## †ローマ教皇の不可謬性

ここで教会の長い歴史の中で教会に帰せられてきた様々な過誤や悪習、少なくともそれらのうち主要なものを取りあげて検討し、そのような反省を通じて教会の本質的特徴をより明確に浮かび上がらせるべきであろう。

そこで次にそれら教会に対する非難の中で代表的なものと思われる二つについて解説を試みることにしたい。その第一は、いわゆるローマ教皇の不可謬性《ふかびゅう》である。これは、ローマ教皇は信ずべき教義《ドグマ》や守るべき道徳的規範の確定においては謬《あやま》りを犯すことはありえない、という教皇に固有の最高の教導権であり、第一バチカン公会議において公式に宣言されたものである。

一見、これはそれこそ「人間の分際《ぶんざい》」を無視した越権的な主張であり、教会の通常的な教導権に関しては教会が「一」であることを保障するために必要である限りで是認する論者も、教皇の「不可謬な最高の教導権」に到ると「謬るは人間の常なり」(errare est humanum) という人間の有限性の自覚を放棄した傲慢な主張として斥ける場合が多いようである。

ではなぜ教皇ピウス九世(彼は一八六二年に日本二十六聖人を列聖し、彼らの信仰と勇気を全教会に示した）と第一バチカン公会議の教父たちはこの教義を確定したのか、その真意は何であったのか。『キリストの教会についての教義憲章Ｉ』第四章「ローマ教皇の不可謬教導権について」はいわゆるローマ教皇の不可謬性について次のように説明し、定義している。憲章はまず「ローマ教皇がペトロの後継者、使徒達の首長として全教会に向かって有していた使徒的首位は、教導職の最高権威をも含むものであった。このことを聖座（教皇庁）は常に主張してきており、教会の永続的な慣行もそのことを確証し、諸々の公会議、とりわけ東方教会と西方教会が信仰と愛の一致において合流した公会議はこのことを宣言してきた」と述べる。

その上で、第四コンスタンティノープル公会議（八六九〜七〇）、第二リヨン公会議（一二七四）、フィレンツェ公会議（一四三九〜四三）が一貫して確認したこと、すなわちローマ教皇の最高の教導権があらゆる誤謬の汚れによごされることなく保たれてきたことを簡潔に説明する。

### †なぜ不可謬とうたわれたのか

ではローマ教皇がペトロの後継者として最高の教導権を保持し、キリストが弟子たちの頭であるペトロに「わたしはあなたのために信仰が無くならないように祈った。だからあなたは立ち直ったら、兄弟たちを力づけてやりなさい」と約束された言葉そのままに、あらゆる誤謬の汚れによごされることなく教導権を行使してきたのであれば、どうして教皇の不可謬性を教義《ドグマ》として確定し、宣言する必要があったのか。

教義憲章によると、「使徒的職務を救いに有効であるような仕方で果たすことがとりわけ必要とされている、まさにこの時代に使徒的職務の権威を軽視する者が少なくないことが明らかになったので、われらは神の独り子が最高の司牧職に授けることを良しとされた特権を荘厳に確定することが絶対に必要であると判断した」というのがその理由である。

ここで次の二つの点にとくに注意する必要がある。一つはローマ教皇の不可謬性は初代教会以来、神の独り子キリストによって、救いの業が有効に行われるように最高の司牧者に授けられた、あらゆる誤謬の汚れを免れる特権として、一貫して認められてきた伝統であり、決して新しい教義ではない、ということである。もう一つは、この特権が使徒たちの首長ペトロに救い主キリストによって授けられ、ペトロの後継者である全教会の最高の司牧者ローマ教皇によって受け継がれてゆくべきことは神的啓示に属することであり、信じるべき教義であることの強調である。

ローマ教皇の不可謬性という教義そのものは次のように定義されている。「ローマ教皇が聖座から（ex cathedra）語るときには、すなわちすべてのキリスト信者の牧者・教師としての職務を行使して、彼の最高の使徒的権威に基づいて、全教会によって守られるべき信仰もしくは道徳に関する教説を定義するときには、至福なるペトロにおいて彼に約束された神的権威によって、神なる贖い主が、彼の教会が信仰もしくは道徳に関して教説を定義する際に享受することを望み給うたあの不可謬性を所有しているとわれらは教え、神によって啓示された教義であると定義する。」

このように教皇の不可謬性と言われるものをそれが教会自身によってどのように理解され、定義されているかという根源まで立ち帰って考察すると、一見、「キリストの代理」(Vicarius Christi) と呼ばれるローマ教皇——彼は大グレゴリウス（教皇グレゴリウス一世・在位五九〇〜六〇四）以来「神の僕《しもべ》の僕」(serius seriorum Dei) と署名するのが慣例であるが——が神であるキリストになり代わって不可謬という神的属性を僭称しているかのような印象は、完全にとまでは言えないにしても、かなり変わってくるかもしれない。

ローマ教皇の不可謬性という教義《ドグマ》は、彼が厳密にペトロの後継者、すなわち全キリスト信者の牧者・教師として、自らに固有の職務を遂行する時には、キリスト自身によってペトロとその後継者に約束された信仰の遺産を謬りなく保ち、伝えるという特権を享受している、ということであり、それ以上でも以下でもない。言いかえると、それはキリストが使徒たちに約束された「わたしは世の終わりまで、いつもあなたがたとともにいる」というそのこと、つまりキリストは自らが造った教会の中で常に救いの業を行っておられることの一つの証しである。

つまり教皇の不可謬性の信仰は、教会は何よりも根本的にキリストの体であるという「信仰の神秘」に属するのであり、それに関するわれわれの判断ないし評価は、結局のところ「教会とは何であるか」という問題に依存するものであることを確認しておきたい。

### †教会の外に救いなし

もう一つは「教会の外に救いなし」(Extra Ecclesiam nulla salus) という周知の命題である。これはカトリック教会の独善的で偏狭な姿勢を顕著に示す言葉として非難の的となってきた。その起源はカトリック教会をそれに乗り込んだ者のみが救われたノアの箱舟に喩えた『ペトロの手紙Ⅰ』(3・20) であるとされる。この命題を問題にするのは、わが国には、すべての既存の「教会」ないし教会制度そのものを否認する「無教会主義」という日本独自のキリスト教の一派があり、その開祖である内村鑑三をはじめ、藤井武、塚本虎二、矢内原忠雄など、この派の代表的な指導者たちはいずれもわが国の知識人層において大きな影響を与えてきたからである。

「教会の外に救いなし」という言葉がカトリック教会の偏狭で独善的な姿勢として非難さ

れる時は、「教会」という言葉はキリスト教の一派として解されている。しかし本来「カトリック」という形容詞は宗派性を含意するものではない。したがって、この「教会の外に救いなし」という言葉は、教会はキリストの救いの業のための最善の「道具」――例えばそれなしには海の向こうの土地へと旅することは極めて困難となる舟のように――であることを意味する、とも解することができるのであり、私はそれがこの言葉の真実の意味であると考えている。

われわれはさきに、キリストは自らの救いの業を恒久的なものとするために、つまり自らが教え、示した真理が世の終わりまで完全な形で保持され、伝えられるために教会を設立した、というのがカトリックの「教会」理解であることを確認した。もしそうであるならば、教会は無教会主義者が主張するように、救い、すなわち信仰によって神に近づくことから始まって、最後は神を「顔と顔を合わせて見る」至福なる永遠の生命へと行きつく救いへの道において無用な邪魔物として斥けるべきものではない。むしろ教会は岩下壮一神父の言葉を借りると「信者をしてより親しく、且有効に神、キリストと交わらしめるための、キリストの愛の案出せる機構」と解すべきものであろう。

## †教会は救いのために不可欠な恩寵

結局のところ、問題は教会というものが信者のキリスト信仰そのものにとって外的な制度的で人為的なものであって、各々の信者の自由な選択に委ねられているのか、それとも教会は根本的に信仰の神秘であり、キリスト信仰に内的に属するものであるのか、ということである。言いかえると、教会はそれぞれの仕方でキリストを信じる者たちが同意に基づいて形成した集合体であるのか、それともキリスト自身によって使徒たちを通じて托された「信仰の遺産」を世の終わりまで全き形で保ち伝えてゆく「教会の信仰」というものがあって、個々の信者はそれを受け取り、育てることで信者として生きてゆくのが教会であるのか、それが問題である。

実際に「教会の信仰」はカトリシズムにおいて極めて重要な位置を占めるのであり、理性や自由意思の行使ができない幼児に洗礼を授けることが正当で、有効とされるのは教会の信仰あってのことなのである。私自身、ミサの中で唱えられる「教会の平和と一致のための祈り」のなかで、キリストに「わたしたちの罪ではなく、教会の信仰を顧《かえり》み……教会に平和と一致をお与え下さい」と請い求める度に「教会の信仰」のリアリティーを強く感じとる経験をする。

「教会の信仰」とは、言うまでもなく信者が大勢集まって信仰を宣言する、という類いの現象を指すものではなく、キリストの体である教会は、その本質的構造そのものが「ここ地上における永遠の生命の発端」という信仰の本質を明確に示す、ということである。キリストが自らの救いの業を恒久的なものとするために、つまり救いの業が恒久的となることを可能にする最善の「道具」として教会を設立した、ということは教会は救いのために不可欠な恩寵――信仰は恩寵の賜物である――を信者たちに豊かにわかち与えるために「キリストの愛の案出せる」道具である。

ところで「救い――すなわち罪の赦しと罪人の聖化――のために不可欠な恩寵をわかち与えるためにキリストによって創設された」という言葉が意味表示するものといえば、秘跡（sacramentum）であるに違いない。こうしてわれわれの「教会とは何であるか」という問いをめぐる考察は、いわば自然に「秘跡としての教会」という「教会」理解へと導かれてきたのである。そこで次に「キリストの（神秘的な）体《からだ》」という伝統的な「教会」観をある仕方で補完するものとして第二バチカン公会議（一九六二～六五）に先立って神学者の間で次第に関心を集め、公会議の「教会に関する教会憲章」において明確に表現された「秘跡としての教会」について述べることにしたい。

## 3　秘跡《サクラメント》としての教会

### †キリストの体としての教会理解

第二バチカン公会議の『教会に関する教義憲章』は第一章「教会の神秘について」の冒頭で「教会はキリストにおいて秘跡もしくは神との親密な合一および全人類の一性の徴しならびに道具として存在するので、公会議はこれまでの公会議の教えを受け継ぎつつ、教会の本質と普遍的使命を自らの信者たちと全世界により明らかに宣言しようと意図するものである」と述べ、教会とは何であるかを「キリストにおける秘跡」(sacramentum in Christo) という言葉で明確に言い表している。

「キリストにおける」という言葉は決して単なる修飾ではなく、「教会、すなわち神秘 (mysterium) において既に現存しているキリストの国」(第一章第三節) とも言われているように、教会の本質が「秘跡」という言葉で言い表されるときも、教会はキリストにおいて在る「キリストの体」であるという「教会」理解は完全に受け継がれているのである。

ちなみに「神秘」（*μυστήριον*）という言葉は古くは「秘跡」を指すのに用いられていたことを付記しておく。

この他『教会憲章』には次のような、教会を明確に「秘跡」と定義している箇所が見出される。第二章「神の民について」では「神は救いの創り主、一致と平和の根源としてのイエスを信仰をもって仰ぎ望む人々を招き集め、すべての人ひとりひとりにとってこの救いをもたらす一致の目に見える秘跡となるようにと教会を設立し給うた」と言われている。

さらに第七章「旅する教会の終末的性格および天上の教会との一致について」においては次のように記されている。「地上から高挙されたキリストは万人を自らのもとへ引き寄せ給うた。すなわち死者の中から復活して、彼は生命《いのち》を与える霊を弟子たちに送り、その霊によって救いの普遍的な秘跡としての教会である彼の体《からだ》を設立した。キリストは御父の右に坐しつつ、人々を教会へと導き、そのことによって彼らをより親密に自分自身へと結びつけるために働き続け給う。そして彼はそれらの人々を彼の栄光ある生命《いのち》に与《あずか》る者たらしめるために自分自身の体と血をもって彼らを養い給うのである」。

### †教会と秘跡の一体性の意義

ところで、「教会は秘跡《サクラメント》である」という「教会」観は、秘跡がキリスト教に関わる事柄のなかで多くの場合無視され、取り上げられる場合でも甚だしく誤解され、不当に軽視されているように思われる現在のわれわれの知的環境においては、ほとんど不可解で無意味なものと映るかもしれない。

『広辞苑』は「サクラメント」について「キリストによって定められた恩恵を受ける手段・方法」と説明している。恩恵（恩寵 gratia）を受けることなしには罪人が罪を赦されて救いに到達することはできないのであるから、秘跡は当然、キリスト教的な生き方の中心に位置づけられるべきであり、秘跡なしにキリスト教について語ることはできないはずであろう。ところが、現実にわれわれの間で広く受けいれられているキリスト教についての「常識」にはほとんど秘跡は姿を現さない。

言うまでもなく、洗礼や聖餐のような秘跡のなかに数えられてきた祭儀はキリスト教の儀式・慣行として広く知られている。しかしそれらを神と親密に交わり、神の恩寵を受けるための手段と理解している人はおそらく（カトリックやギリシア正教の信者を除けば）稀であろう。むしろ、こんにち広く受けいれられている「キリスト教」常識によると、秘跡は聖書のみに基づく本来のキリスト教信仰とは異質の、後世の制度化した教会によって案出された、恩恵を受ける保証つきの「魔法的」手段・方法に近いものではないのか。

もしそうであるとしたら、「教会は秘跡《サクラメント》である」という「教会」観が、第二バチカン公会議において初めて伝統的な「キリストの（神秘的な）体《からだ》」という教会観を補完するものとして公式に紹介され、広く神学的関心の対象になった、という情報は何ほどか読者の興味を呼ぶかもしれないが、それをここで特に取りあげて解説することに何の意味があるだろうか。むしろそれは教会の本質をよりひどく誤解させるだけの結果に終わるのではないか。

私はこのような否定的な見解ないし疑念に対して、決してそうではない、むしろ「教会は秘跡《サクラメント》である」という「教会」観を理論的に説明し、それへの関心を少しでも呼び起こすことによって「教会」と「秘跡」の両者についての根深い誤解や偏見に光をあてることができるのではないか、と期待している。そのように期待する理由は、この新しい「教会」観の理解を深めることによって、教会と秘跡の両者が、それぞれ、キリストとの親密な結びつき、ないし一体性において成立するものであることが明白になる、ということである。

現在われわれの間で広く受けいれられているキリスト教の常識では、教会はキリスト信者たちの集会や団体ではあるが、「キリスト」の存在そのものと親密に結びつけられ、一体化されることはない。また洗礼という「秘跡」が時として「父、子、聖霊の名によって」ではなく「キリストの御名によって」授けられることはあっても、「キリスト」の存在自体がこの「秘跡」と結びつけられることはない。

しかし「教会は秘跡である」という「教会」観は、「教会はキリストの体」という信仰、および「キリストはすべての人間の救いのために人間となり給うた神」という信仰のゆえに「キリストは（恩寵の源泉として）真実に秘跡である」という認識、この二つが結びつくことによって成立しているのである。

このように「教会は秘跡である」という「教会」観は「教会はキリストの体である」という信仰と「キリストは秘跡である」という（受肉の信仰に基づく）認識が結びつくことによって成立したものであり、教会および秘跡を徹底的にキリスト中心の立場から理解することを可能にする、と言えるであろう。

### †教会と秘跡は信仰の本質

教会および秘跡を根源的にキリストとの密接な結びつき、というよりは一体性において理解する立場は使徒伝来のものであり、カトリシズムにとって本質的と言える。しかし中世・スコラ学の時代、ヨーロッパにローマ教皇を最高の霊的指導者とする「キリスト教社会」(Respublica Christiana) が成立したことに伴って、位階秩序的・法的組織が強調され、「キリストの体」という教会の本質に関わる信仰が背後に退いた。

これと同時に秘跡は根本的・本質的にキリストの救いの業の「徴《しる》し」(signum) であり、秘跡が恩寵を受ける手段・方法でありうるのはキリストの救いの業によるという信仰が背後に退いて、秘跡は単なる徴しに過ぎないものではなく、「秘跡の執行自体からして (ex opere operato)」秘跡として有効でありうる「力《ちから》ある徴し」であることが強調されるようになった。つまり、教会と秘跡の両方がキリストそして信仰との本質的で根源的な結びつきから切り離される傾向が生じていたのである。

ここで一言付け加えると、わが国の神学教科書や概説書ではトマス・アクィナスも「スコラ学者」として秘跡は単なる徴しではなく「力ある徴し」である、つまり「恩寵を与え、聖化する原因である」という、いわゆる秘跡の「事効性」(ex opere operato) を主張したと記されている。

だが、トマスがそのような当時の通説に従ったのは初期の『命題論集解』や『対異教徒大全』までであった。『神学大全』においては秘跡は根源的に、恩寵を与え、聖化する主要原因である (人となられた神である) キリストの徴しであることを強調している。つまり、秘跡はキリストがそのうちに現存し、恩寵を与える働きをするのでなければ秘跡たりえないのであり、どこまでもキリストの救いの業の徴しであるというのがトマスの見解であった。それは言いかえると、キリストが根源的に秘跡であることを意味するであろう。

さきに「教会は秘跡《サクラメント》である」という教会観が「第二バチカン公会議に先立って神学者の間で次第に関心を集め」たと述べたが、私がこの新しい「教会」観について学んだのはオットー・ゼンメルロート『原サクラメントである教会』(Otto Semmelroth, *Die Kirche als Ursakrament*, 1953)、カール・ラーナー『教会とサクラメント』(Karl Rahner, *Kirche und Sakrament*, 1960)、およびエドワード・H・スキレベークス『キリスト・神との出会いの秘跡』(Edward H. Schillebeeckx, *Christus, Sacrament van de Godsontmoeting*, 1960)によってである。これら著名な神学者の業績は我国でもすでに優れた研究者によって紹介されているので私がここで改めて述べる必要はない。

私自身、これらの著作を読んで強く印象づけられたのは、キリストの救いの業を、「独り子を世に与える」ほどの神の限りなく豊かで深い愛の啓示としての受肉の神秘、さらに受肉の神秘の源泉とも言うべき神のペルソナの間の知恵と愛の交りである三位一体の神秘まで遡る探求によって、救い主キリストが真の、根源的な意味で「秘跡」と呼ばれるべきである、という真理にたどりついていることであった。そしてこのことに基づいてこれらの神学者はキリストの体である教会の「サクラメント性」を明確に論証したのである。

通常のキリスト教に関する解説では、キリストの救いの業は、神の国の到来という福音の告知に始まって、十字架の受難と死という犠牲《いけにえ》の奉献へと行きつく。それを誤りだと言うことはできないが、そのような解説はまったく人間的視点からのものであって、神の言《ことば》としての聖書が教えようとしている、神の測りがたい慈しみとまことに触れることはできない、と言うことは許されるであろう。

そして「教会は秘跡《サクラメント》である」という教会観はそのことをわれわれに改めて、明確に気付かせてくれる、と言えるのではないだろうか。教会と秘跡は決して人間が考案し、造りだした制度や救いの手段ではない。それらは世の終わりまで常にわれわれと共にいてくださるキリストの救いの業なのである。この信仰がなければ教会や秘跡には何の価値もない。

言いかえると、教会と秘跡はキリスト信仰の本質であり、そしてキリスト信仰の核心は神の測り難い慈しみとまことに触れる、あるいはむしろ包みこまれることである。そのことを確認してこの書物の結びにしたい。

# おわりに

本書の「はじめに」で、カトリシズムと出会う日本人の心は、四百数十年前に初めて出会ったカトリシズムに対して熱烈・純粋で勇気ある受容と、激しく執拗な敵意ある排斥という両極端の反応を示した日本文化の影響の下にある、と述べた。そしてこの問題はカトリシズムを運んできた西洋文化と日本文化との関係にとどまるものではなく、宗教としてのカトリシズムそのものと日本文化の中核ないし最深層である日本的宗教性・霊性との関係において考えるべきものであることを指摘した。

それに続いていわゆる「キリシタン時代」にカトリシズムと日本文化の真実の出会いを妨げる躓《つまず》きの石となった創造主なる神による「無からの万物の創造」という教義は、実はこの教義が神学的に適切に探求されなかったために無用の摩擦が生じたものであり、日本的霊性とは根本的に対立するものではないことを論じた。

この後、カトリシズムの根本的特徴を明らかにするため超自然の概念、および信仰と理性の関係について述べた後、カトリシズムの「神」理解の鍵を握る「創造」の意味、カトリシズムの本質である「キリスト信仰」、それと密接に結びつく「聖母神学」および「教会」について考察し、それらと日本的霊性との関わりについて述べた。

これらの考察の当否に関する判断はすべて読者に委ねたい。私自身、これらの考察を進めるにあたって、「カトリシズムが日本文化、とくにその中核である日本的宗教性・霊性をより豊かで完全なものへと変容させるような仕方で受容される道を探る」という課題を常に意識していた。ところが、その際とくにカトリシズムと日本的霊性のそれぞれにおける「信仰」という精神的態度の捉え方の顕著な相違に気づかざるをえなかった。

カトリシズムの「信仰」理解によると、「信じる」という行為は本質的には第一の真理としての神を対象とする知性（理性）の働きである。だが、自らの認識能力を超える神へ向かう人間理性の知的認識の歩みは覚束《おぼつか》なく、動揺を免れないことはさきに指摘した。この思考の動揺を鎮めて、確実な承認を与えることを可能にするのが意志であるが、意志にそれができるのは意志の固有の対象は最終的には（特殊な限定された諸々の善を超える）最高善としての神だからである。つまり意志は限りなく慈しみ深い、善そのものである神に固着している限り、（第一真理である神を目指しつつも）思考の動揺に悩まされる人間理性を助けて信じることを可能にするのである。

ここで日本的霊性の「信仰」理解に目を移すと、限りなく慈しみ深い善そのものである神へのひたむきな固着という信仰の側面は、確かに、そして極めて豊かに認められる。だが、第一真理としての神の探求という信仰の知性的側面は欠如しているという印象を避けることができない。そのことは、神的な事柄について全く無知な人間は、まず「教える神」に聴き従う信仰の道を通じて神に近づき、希望によりすがりながら愛によって神を「顔と顔を合せて見る」に到る道、つまり「信じなければあなたがたは理解しないだろう」という原則は日本的霊性には縁遠いものだったことを示すように思われる。神の限りない慈しみに一挙に身を委ねることによる神との完全な合一、それが日本的霊性の根本的特徴であると改めて思い知らされたのである。

このことに考えが及ぶたびに鮮明に甦ってくる記憶がある。それは一九六五年頃、日本の生きた宗教性・霊性に触れたいと強く希望する、当時欧米で代表的なカトリック哲学者として知られていたヨゼフ・ピーパー教授を案内して、伊勢神宮参拝、天理教教主訪問を経て、高野山にたどりついた時のことであった。高野山総持院で高野山大学学監長岡秀善師と対座したピーパー教授が単刀直入に「大乗仏教の本質とは」と問いかけられたのに対して長岡師は即座に「即身成仏」と答えられた。その意味をめぐって緊迫した問答が交わされたが、結局のところピーパー教授は「即」ということを認めれば人間は絶対者との合一を目指して「旅する者」ではなく、当初から「到達者」であることになる、それでは貴方がたの修行の意味はなくなる、と主張し、長岡師は「即」を認めなければ仏道が目指す「悟り」はその真実の意味を喪失すると応じてやまなかった。

この対話はカトリシズムの霊性と日本的霊性の微妙な相違に光を当てるものと考え、ここに紹介したが、この対話を豊かな実りへと向けていかに進めるべきかは読者の判断に委ねたい。ただ私はこの一見、「信仰の宗教」と「悟りの宗教」との衝突とも見える対立は厳密な意味での矛盾的対立ではなく、絶対者（神）と人間との関係を考える際の微妙な論理の食い違いによるものではないか、と考えている。

そしてその解決の鍵を握るのは、さきに説明したクレルヴォーのベルナルドゥスの、人間の救い（あるいは悟り）はそのすべてが神（の恩寵）に<u>よって</u>なされるが、その救いの業がまさしく人間に<u>おいて</u>なされるものであることからして人間がその固有の役割を果たすことは否認されないどころかむしろ予想されている、という立場ではないかと思う。

読者の皆様からの忌憚のないご批判・ご意見をお待ちしたい。

二〇一六年八月

稲垣良典

# 参考文献

＊カトリック入門書の参考文献として第一に挙げるべきはカトリック教会が伝統的に使用してきた聖書、および教会の教えの公式記録であろう。ここに記すのは私自身が参考にしたものに限られる。

Biblia Sacra *VULGATA* 2 vols. Württembergische Bibelanstalt, Stuttgart, 1969.
Denzinger-Schönmetzer *ENCHIRIDION SYMBOLORUM DEFINITIONUM ET DECLARATIONUM de rebus fidei et morum*, Herder, 1963.（これは普通「デンツィンガー」という略称で呼ばれる教会公文書記録で次の邦訳がある）
デンツィンガー・シェーンメッツァー『カトリック教会文書資料集――信経および信仰と道徳に関する定義集』浜寛五郎訳、エンデルレ書店、一九七四年。

＊第二バチカン公会議に関しては次を参照。

『第二バチカン公会議公文書――改訂公式訳』カトリック中央協議会、二〇一三年。

＊カトリック教会の教えを簡略に記した書物は昔から『カテキズム（公教要理）』として知られてきたが、最新版として次を参照。従来の問答形式ではなく、解説書として適当。

『カトリック教会のカテキズム』カトリック中央協議会、二〇〇二年。

**はじめに**

岩下壮一『カトリックの信仰』ちくま学芸文庫、二〇一五年。
岩下壮一『信仰の遺産』岩波文庫、二〇一五年。
カール・アダム『カトリシスムの本質』吉満義彦訳、岩波書店、一九三二年。

マーティン・ダーシィ『カトリシズム』寿岳文章訳、弘文堂、一九五〇年。

J・ロゲンドルフ『カトリシズム』野口啓祐訳、アテネ文庫、弘文堂、一九四九年。

稲垣良典『人間文化基礎論』九州大学出版会、二〇〇三年。

稲垣良典『現代カトリシズムの思想』岩波新書、一九七一年。
C. S. Lewis, *Mere Christianity*, Fontana Books, 1955.
G. K. Chesterton, *Orthodoxy*, Dodd, Mead & Co. 1954.
アンリ・ド・リュバク『カトリシズム』小高毅訳、エンデルレ書店、一九八九年。

沢田和夫編『現代カトリシズム序説』創元社、一九五七年。

遠藤周作『私にとって神とは』光文社、一九八三年。

井上洋治『私の中のキリスト』主婦の友社、一九七八年。

**第一章**

『キリシタン教理書』海老沢有道他編、教文館、一九九三年。

『キリシタン書　排耶書』日本思想大系25、岩波書店、一九七〇年。

『新井白石』日本思想大系35、岩波書店、一九七五年。

J・ロゲンドルフ「現代日本とカトリシズム」『現代思潮とカトリシズム』創文社、一九五九年。

『西田幾多郎全集』増補改訂版、岩波書店、一九六五〜六六年。

稲垣良典「日本思想と超越の問題」『東洋学術研究』第一四巻第二号、一九七五年。
R. Inagaki, "The Concept of Creation in the Philosophy of Kitaro Nishida", *Contemporary Philosophy A New Survey*, vol. 7, 1993.
鈴木大拙『日本的霊性』岩波文庫、一九七二年。

**第二章**

トマス・アクィナス『神学大全』全四五巻、創文社、一九六〇～二〇一二年
ベルナルドゥス（クレルヴォーの）「恩恵と自由意思について」『中世思想原典集成』10、梶山義夫訳、平凡社、一九九七年。

稲垣良典「教養と自由――ベルナルドゥスにおけるキリスト教的ヒューマニズム」『教養の源泉をたずねて』創文社、二〇〇〇年。

スコット・ハーン『子羊の晩餐――ミサは地上の天国』川崎重行訳、エンデルレ書店二〇〇八年。

稲垣良典『トマス・アクィナス「存在《エッセ》」の形而上学』春秋社、二〇一三年。

**第三章**

稲垣良典『信仰と理性』レグルス文庫、第三文明社、一九七九年。

稲垣良典「トマスの信仰概念について」『日本の神学』25、一九八六年。

アウグスティヌス『信仰・希望・愛（エンキリディオン）』『アウグスティヌス著作集』4、赤木善光訳、教文館、一九七九年。

アウグスティヌス『三位一体』『アウグスティヌス著作集』28、泉治典訳、教文館、二〇〇四年。

ヨハネ・パウロ二世『信仰と理性――教皇ヨハネ・パウロ二世回勅』久保守訳、カトリック中央協議会、二〇〇五年。

教皇フランシスコ『回勅　信仰の光』カトリック中央協議会訳、カトリック中央協議会、二〇一四年。

**第四章**

稲垣良典「関係としての創造と無からの創造」『東洋学術研究』第一四巻第六号、一九七五年。

稲垣良典「キリスト教は《一神教》か」『学士會会報』八九八号、二〇一三年。

聖ベルナルド（ベルナルドゥス）『熟慮について――教皇エウゼニオ三世あての書簡』古川勲訳、中央出版社、一九

八四年。

ヨゼフ・ラツィンガー（教皇ベネディクト一六世）『イエス・キリストの神――三位一体の神についての省察』里野泰昭訳、春秋社、二〇一一年。

アウグスティヌス『自由意志論』今泉三良訳、創造社、一九六六年。

ボエティウス『哲学の慰め』畠中尚志訳、岩波文庫、一九三八年。

Thomas Aquinas, *On Evil*, Trans. John A. Oesterle and Jean T. Oesterle. Notre Dame University Press, 1995.

## 第五章

山田晶『トマス・アクィナスのキリスト論』創文社、一九九九年。

和田幹男『私たちにとって聖書とは何なのか』女子パウロ会、一九八六年。

G・ネラン『キリスト論』創文社、一九九六年。

ヨゼフ・ラツィンガー『ナザレのイエス』里野泰昭訳、春秋社、二〇〇八年。

ヨゼフ・ラツィンガー『ナザレのイエス　十字架と復活』里野泰昭訳、春秋社、二〇一三年。

ヨゼフ・ラツィンガー『ナザレのイエス　プロローグ――降誕』里野泰昭訳、春秋社、二〇一三年。

青野太潮『最初期キリスト教思想の軌跡――イエス・パウロ・その後』新教出版社、二〇一三年。

John P. Meier, *A Marginal Jew: Rethinking the Historical Jesus*, 3 vols. Doubleday, 1991-1998.

（上記二冊の青野、マイヤーの著作はいずれもすぐれた聖書学者〔前者はプロテスタント、後者はカトリック〕による「歴史のイエス」に関する最新の研究である。私自身、立場の違いは別にして学ぶところが多大であったので特に記した）

## 第六章

M. Schmaus, "Mariologie", *Sacramentum Mundi*, 2, P. 356-362, Herder, 1967.

J・H・ニューマン『聖母マリア――第二のエバ』日本ニューマン協会編・訳、教友社、二〇一三年。
トマス・アクィナス『神学大全』第三二分冊、稲垣良典訳、創文社、二〇〇七年。
*Sancti Bernardi Opera*, IV, Roma, Editiones Cisterciensis, 1966.
ベルナルドゥス（クレルヴォーの）『おとめなる母をたたえる』古川勲訳、あかし書房、一九八三年。
ベルナルドゥス（クレルヴォーの）『聖母の歌手』山下房三郎訳、あかし書房、一九八八年。
Bernardus, *Sermo In Nativitate Beatae Mariae De Aquaeductu*, Sancti Bernardi Opera, V.
Bernardus, *Epistola 174. Ad Canonicos Lugdunenses De Conceptione S. Mariae*, Opera VII.
アウグスティヌス『自然と恩寵』『ユリアヌス駁論』『聖なる処女性について』『説教　第二百十五』
M. O'Carroll, *Theotokos, A Theological Encyclopedia of the Blessed Virgin Mary*, The Liturgical, 1982.
R. Garrigou-Lagrange, *The Mother of the Savior*, Herder, 1948.
Ioannes Duns Scotus, *Reportata Parisiensia in Libros Sententiarum*, Vives Ed., Vol. 14.
Heiko A. Oberman, *The Harvest of Medieval Theology*, Harvard University Press, 1963.
Jaroslav Pelikan, *Mary Through the Centuries*, Yale University Press, 1996.
J・H・ニューマン『心が心に語りかける――ニューマン説教選』日本ニューマン協会訳、サンパウロ、一九九一年。

**第七章**

この章の参考文献としては「はじめに」で挙げた岩下壮一『カトリックの信仰』、『信仰の遺産』を第一に推薦したい。それに加え、『第二バチカン公会議公文書』中の『教会憲章』と本文で言及した、秘跡としての教会を論じた三つの著作を参照。

ちくま新書
1215

# カトリック入門《にゅうもん》
## ——日本文化《にほんぶんか》からのアプローチ

二〇一六年一〇月一〇日　第一刷発行

著者　稲垣良典（いながき・りょうすけ）

発行者　山野浩一

発行所　株式会社 筑摩書房
東京都台東区蔵前二-五-三　郵便番号一一一-八七五五
振替〇〇一六〇-八-四一二三

装幀者　間村俊一

印刷・製本　株式会社 精興社



乱丁・落丁本の場合は、左記宛にご送付ください。
送料小社負担でお取り替えいたします。
ご注文・お問い合わせも左記へお願いいたします。
〒三三一-八五〇七　さいたま市北区櫛引町二-六〇四
筑摩書房サービスセンター　電話〇四八-六五一-〇〇五三



ISBN978-4-480-06914-6 C0216

## ちくま新書

956
キリスト教の真実
――西洋近代をもたらした宗教思想
竹下節子
ギリシャ思想とキリスト教の関係を検討し、近代ヨーロッパが覚醒する歴史を辿る。キリスト教という合せ鏡をとおして、現代世界の設計思想を読み解く探究の書。

1048
ユダヤ教　キリスト教　イスラーム
――一神教の連環を解く
菊地章太
一神教が生まれた時、世界は激変した！「平等」「福祉」「不寛容」などを題材に三宗教のつながりを分析し、現代の底流にある一神教を読み解く宗教学の入門書。

1102
エクスタシーの神学
――キリスト教神秘主義の扉をひらく
菊地章太
ギリシア時代に水源をもち、ヨーロッパ思想の伏流水であるキリスト教神秘主義。その歴史を「エクスタシー」の観点から俯瞰し、宗教の本質に肉薄する危険な書。

085
日本人はなぜ無宗教なのか
阿満利麿
日本人には神仏とともに生きた長い伝統がある。それなのになぜ現代人は無宗教を標榜し、特定宗派を怖れるのだろうか？　あらためて宗教の意味を問いなおす。

936
神も仏も大好きな日本人
島田裕巳
日本人はなぜ、無宗教と思いこんでいるのか？　神道と仏教がどのように融合し、分離されたか、その歴史をたどることで、日本人の隠された宗教観をあぶり出す。

1022
現代オカルトの根源
――霊性進化論の光と闇
大田俊寛
多様な奇想を展開する、現代オカルト。その根源には「霊性の進化」をめざす思想があった。19世紀の神智学から、オウム真理教・幸福の科学に至る系譜をたどる。

864
歴史の中の『新約聖書』
加藤隆
『新約聖書』の複雑な性格を理解するには、その成立までの経緯を知る必要がある。一神教的伝統、イエスの意義、初期キリスト教の在り方までをおさえて読む入門書。